ラクするためのおいしい下ごしらえ

賢い冷蔵庫

瀬尾幸子

はじめに

お料理を始めたばかりの初心者さんにとって、
材料をむだなく上手に使い回すのは
ちょっとハードルが高いかもしれません。
せっかく買った材料をむだにするのが怖くて、
お料理に手を出せない人もいるかも？
お料理のやる気を、そんなことでくじけさせてはいけません。
余った材料を絶対にむだにしない!!
ちょっぴり余ったら、こんな方法で切り抜けませんか？

家事や仕事で毎日忙しく過ごしていると、
お料理をするのが面倒な気持ちになりますよね。
私だってそうです。
でも自分の気持ちや体調にぴったりくる料理なんて、売ってない。
じゃあつくりましょうよ。

そのときに役立つのが、こんな「つくりおき下ごしらえ」。
そんな言葉聞いたことないでしょ？
素材を買ってきたらすぐに、いろいろ使い回せる下ごしらえを、
いっぺんにやっておくのです。
そうすれば一から料理をしなくてよいのです。
青菜やお肉には火が通っているから、あとは仕上げをするだけです。

難しい料理だけがおいしいわけじゃありません。
手間が少なくておいしい料理を、丁寧につくるのです。
そうすれば確実に腕が上がります。
素材の味を生かすってどういうことかわかってきます。
そこまでくればもう、お料理上手の道を歩き始めているのです。

お料理、楽しいですよ。楽しくて、おいしくて、
みんなに喜んでもらえるんですから、いいこといっぱい。
ぜひ始めましょ。まずはこの本のとおりにやってみて、実感してください。

瀬尾幸子

1 食材が長もちする！

そのままだとすぐに傷んでしまう野菜や肉。レンチンするだけ、塩をふるだけ、といった簡単な作業でグンと長もちするようになります。冷蔵庫の中で食材が傷んでいてがっかり……という事態がなくなります。

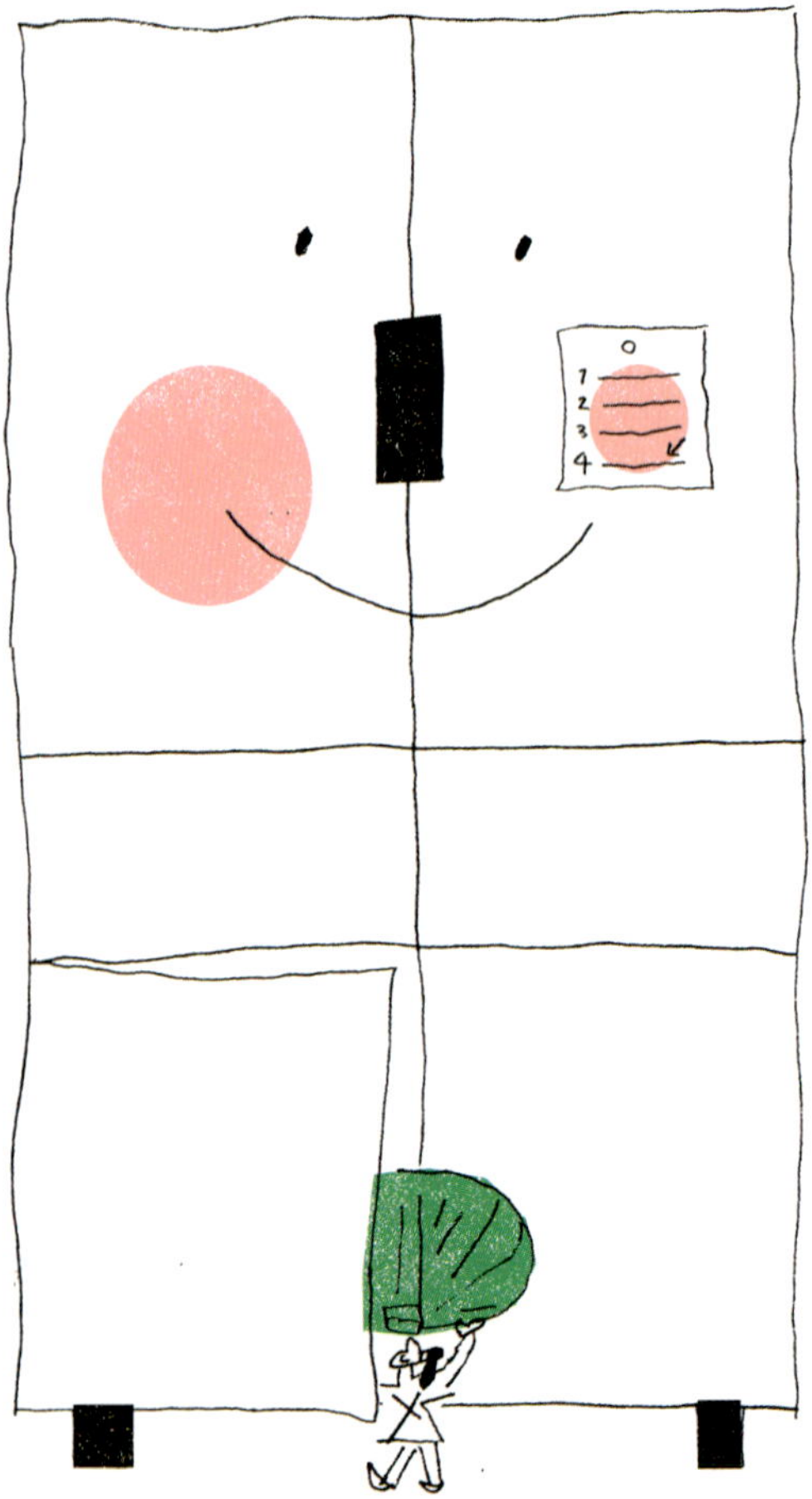

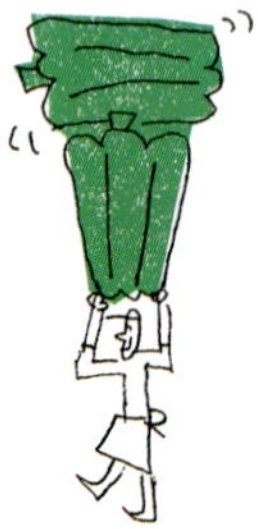

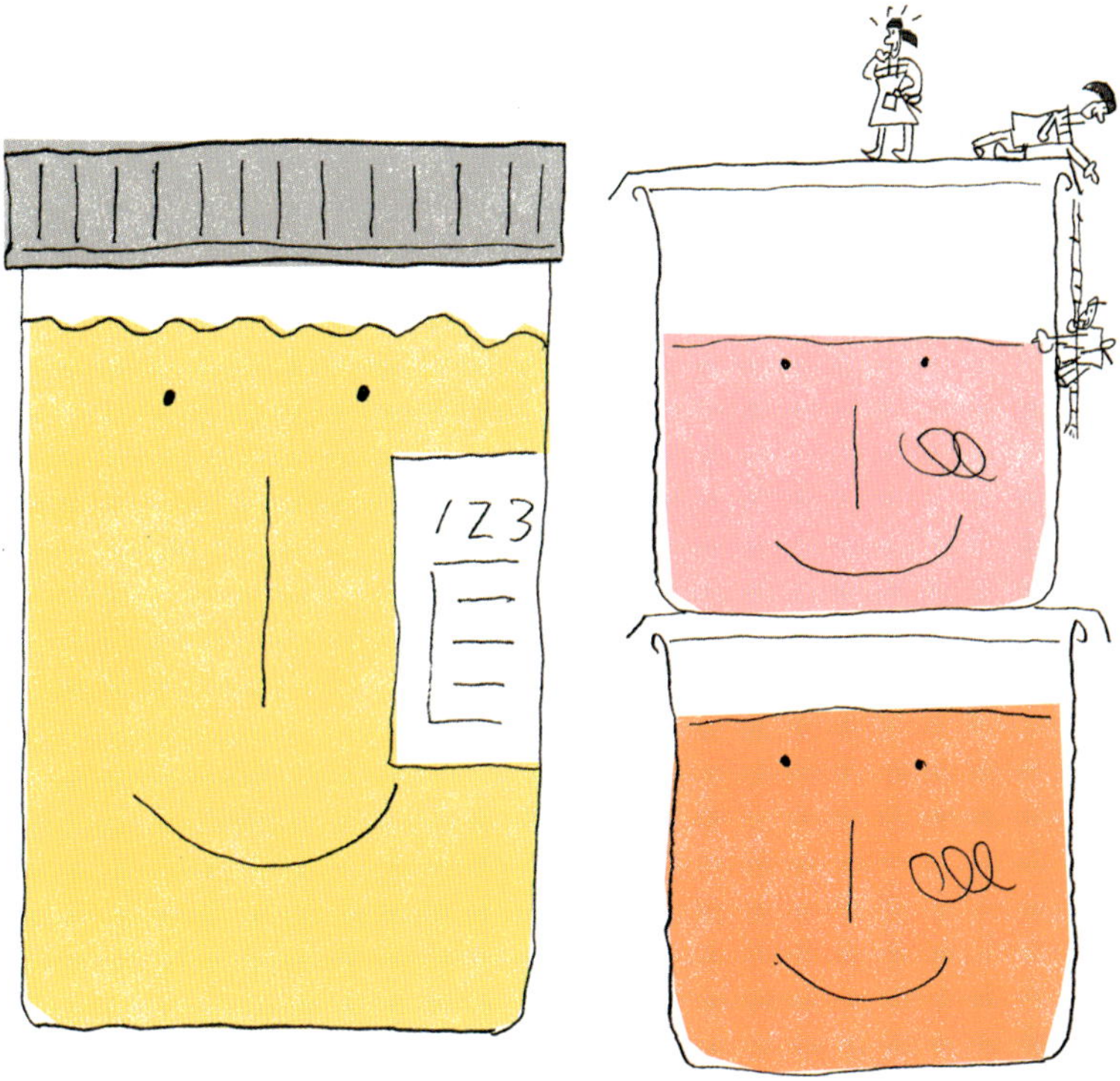

2

食材をむだにしない！

中途半端に残った食材はしょうゆに漬けておくだけ、
冷凍しておくだけで、
ちょこちょこ使いが可能になり、
全部食べきれるように。
副菜をボリュームアップしたい、
みそ汁にちょっと入れたいというときにも便利です。

3　忙しい日に助かる！

まとめて切るだけ、レンチンしておくだけで、
料理はグンと時短に。
さらに市販品に添えるだけ、
いつもの調味料であえるだけでも
立派な一品になるので、
疲れている日でもこれだけならできる！
というお助けになります。

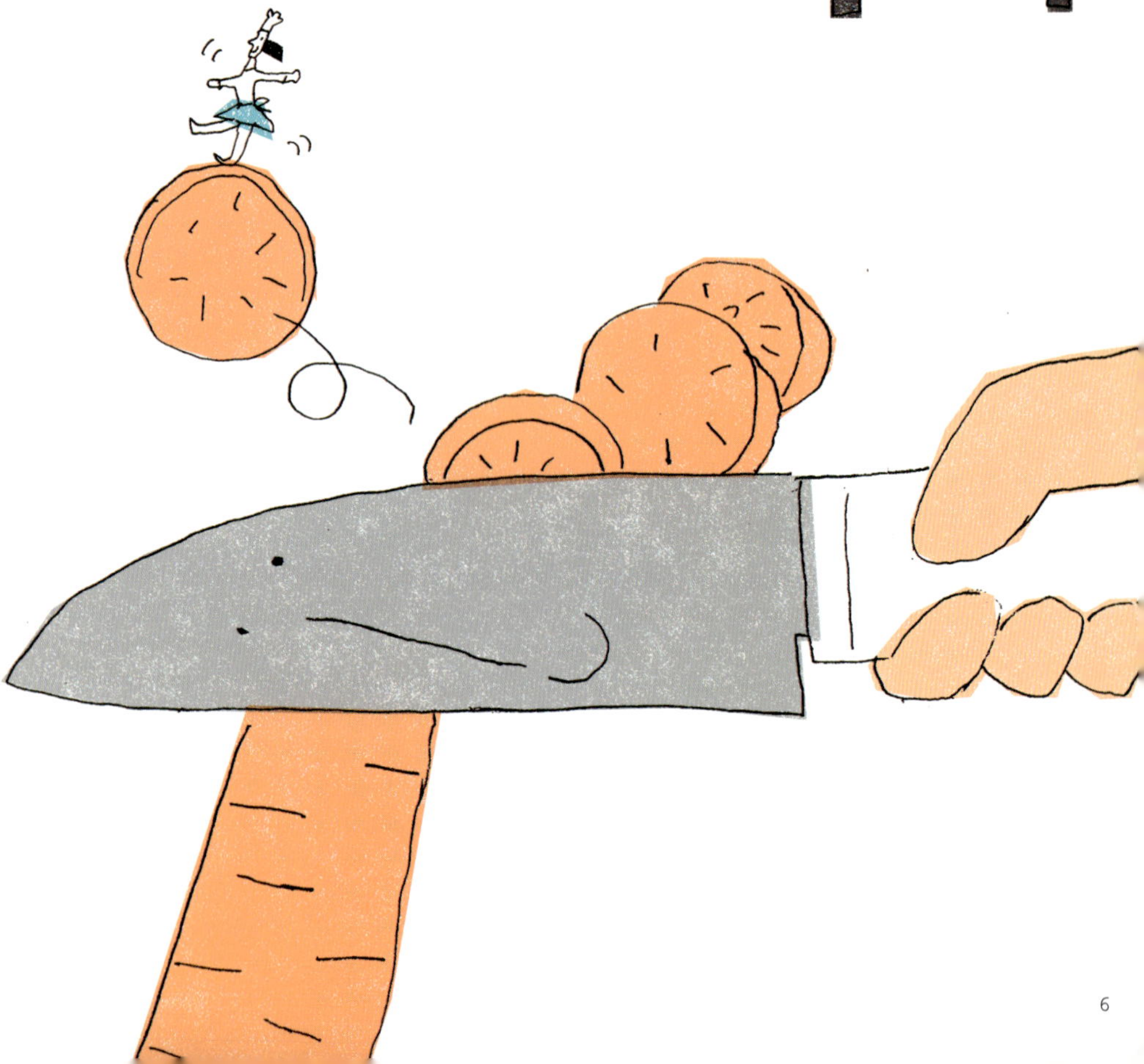

4
とっても簡単なのに、グッとおいしい

どれも、下ごしらえの常識を覆すラクチンさ！
だけど食材本来のおいしさを
存分に引き出します。
歯ごたえシャッキリ、甘みはアップ、色は鮮やかに。
しかも味つけは最低限だから、
いろいろな料理への展開も自由自在です。

目次

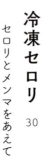

この本のルール

●本書で使用している計量カップは、200㎖、計量スプーンは大さじ1＝15㎖、小さじ1＝5㎖です。1㎖は1ccです。米1合は180㎖です。

●エネルギーは特に記載のない場合、1人分のおおよその数値で、時間はおおよその調理時間です。

●本書で使用している「だし」は、昆布・かつお風味のだしです。また、チキンスープの素（中華風）は鶏ガラスープの素として、固形スープの素（洋風）はコンソメやブイヨンなどとして売られているものです。

●魚焼きグリル・オーブントースター・電子レンジ・オーブンは各メーカーの使用説明書をよくお読みになって、正しくお使いください。

●加熱調理の際にアルミ箔《はく》やラップを使用する場合は、使用説明書に記載の耐熱温度などを確認のうえ、正しくお使いください。

●本書は電子レンジは600Wを基準にしています。お使いの電子レンジのワット数に合わせて、調理時間を調整してください。

電子レンジのW数別加熱時間の目安

600W	500W	700W	900W
30秒	36秒	25秒	20秒
1分	1分12秒	51秒	40秒
1分30秒	1分48秒	1分17秒	1分
2分	2分24秒	1分43秒	1分20秒
2分30秒	3分	2分9秒	1分40秒
3分	3分36秒	2分34秒	2分
5分	6分	4分18秒	3分21秒
8分	9分36秒	6分52秒	5分21秒

これさえしておけば。

レンチンにんじん

1. 皮をむき、太めのせん切りにする。
2. 耐熱容器に入れ、水大さじ1をふる。
3. ラップをしてレンチンし、汁ごと保存。

材料：にんじん1本
レンチン：3分20秒間

保存目安：冷蔵庫で5日間

まずは
この一品！

生ハム巻いただけ

レンチンにんじんを生ハムで巻き、粉チーズとオリーブ油、黒こしょうをふるだけ！　巻くだけなのにおもてなしにも使えるしゃれた料理に。

電子レンジにかけると甘みがグンと増し、歯ごたえも程よく柔らか

にんじんは皮をむいて斜め薄切りにし、端から刻んでやや太めのせん切りにし、耐熱容器に入れます。にんじんは水分が少ないので、水大さじ1を足してからラップをふんわりとかけ、レンチン。太めに切るのは、ある程度の食べごたえを残すためです。レンチン後はにんじんが驚くほど甘くなり、程よく柔らかに。容器の中ににじみ出た汁も一緒に保存し、料理に入れましょう。

ゆでるのに比べて、レンチンは栄養素が流出しにくいのもうれしいポイント。生ほどには堅すぎないので、キャロットラペなどに使うのもおすすめです。

にんじんの甘さが
砂糖代わりになった
やさしい味わい

にんじんパンケーキ

材料（2人分）

レンチンにんじん　60g

A

- 薄力粉　80g
- ベーキングパウダー　小さじ1

卵　1コ

牛乳　70㎖

バター　適量

粉チーズ・メープルシロップ　各適宜

［常備品］

黒こしょう（粗びき）

作り方

① ボウルにAを入れて混ぜる。中央に卵を割り入れ、牛乳を加えてよく混ぜる。なじんだらレンチンにんじんを加え、さらに混ぜる。

② フライパンを弱火で熱して、バターを薄く敷き、①を直径7cmくらいに広げる。片面に焼き色がついたら裏返し、両面焼く。

③ 器に盛り、好みで粉チーズ、バター、黒こしょう少々をかける。またはメープルシロップをかけて甘くしてもよい。

1人分250kcal／調理時間10分

にんじんたっぷり、
一品メニューでも
バランスが取れる！

にんじん炒めご飯

材料（2人分）

レンチンにんじん　100g
ご飯（温かいもの）　400g
ベーコン（薄切り）　2枚
バター　大さじ1½
にんにく（みじん切り）　1かけ分
パセリ（みじん切り）　適量
卵　2コ
［常備品］
塩、黒こしょう（粗びき）、しょうゆ、サラダ油

作り方

① レンチンにんじんは粗みじん切りにする。ベーコンは5mm幅に切る。

② フライパンにバターを中火で溶かし、①とにんにくを炒める。ご飯を加え、塩小さじ½、黒こしょう少々を加える。パラパラになるまで炒め、パセリ大さじ2としょうゆ小さじ2を加えて混ぜる。味をみて塩・黒こしょう各少々で調えて器に盛る。

③ フライパンにサラダ油少々を弱めの中火で熱し、卵を割り入れ、目玉焼きをつくる。②にのせ、パセリ適量、黒こしょう少々をふる。

1人分600kcal／調理時間15分

たまねぎマヨネーズ

1. たまねぎを5㎜角に切る。
2. マヨネーズと混ぜる。
3. 5分間おいたら保存。

材料：たまねぎ½コ、マヨネーズカップ⅔

保存目安：冷蔵庫で1か月

海鮮フライ（左）や磯辺焼き（右）に添えて

海鮮のフライにかけるのはもちろん、意外と合うのが磯辺焼き！　目先が変わっていくらでも食べられる。

マヨネーズとたまねぎだけ！タルタルソースよりも使い勝手のよいソース

海鮮のフライやチキン南蛮にはタルタルソースが定番ですが、味が強すぎてフライ自体が楽しめないのが不満でした。この「たまねぎマヨネーズ」は、究極にそぎ落とした、たまねぎとマヨネーズのみのソースです。たまねぎを5㎜角に切ったら、水にさらさず、マヨネーズと混ぜて5分間おくだけ。これでたまねぎの辛みが抜けるのです。買ってきたフライにこれをかけて食べるだけでも、自分の味になり、ほっとします。また、ソースやしょうゆとダブルでかけても、しつこくなりません。ホカホカの白いご飯にかけて食べるのも禁断の味で、止まらなくなります。

甘酢とたまマヨ、
ダブルでおいしく
飽きずに食べられる

チキン南蛮

材料（2人分）

たまねぎマヨネーズ　適量
鶏むね肉　1枚（250g）
水菜（ザク切り）　適量
◎衣
｜天ぷら粉・水　各大さじ5
◎甘酢しょうゆ
｜酢　大さじ2
｜砂糖　大さじ1弱
｜しょうゆ　小さじ2
［常備品］
しょうゆ、サラダ油

作り方

① 鶏肉は繊維を断つように1cm厚さに切り、しょうゆ小さじ2をまぶして5分間ほどおく。

② 衣の材料を混ぜて、①にまぶす。

③ 小さめの厚手の鍋に3cm深さまでサラダ油を注いで180℃に熱し、②を揚げる。衣がカリッとして揚げ色がついたら取り出し、油をきる。

④ 器に水菜を敷き、③をのせる。甘酢しょうゆの材料を混ぜ合わせて全体にかけ、たまねぎマヨネーズをかける。

1人分510kcal／調理時間20分

さっぱりマヨが
納豆のくせと
好相性！

たまマヨ納豆丼

材料（1人分）

たまねぎマヨネーズ　適量
納豆　（小）1パック
練りがらし　少々
オクラ　2本
ご飯（温かいもの）　200g
一味とうがらし　適宜
［常備品］
しょうゆ

作り方

① 納豆はしょうゆ少々と練りがらしを加えて混ぜる。

② オクラは薄い輪切りにし、サッと水洗いする。

③ 器にご飯を盛り、オクラを散らし、①とたまねぎマヨネーズをのせる。好みで一味とうがらしをふる。

1人分480kcal／調理時間5分

レンチンキャベツ

① 2㎝幅の短冊切りにする。

② 耐熱容器に入れ、ラップをしてレンチン。

③ すぐに水をかけて冷まし、絞らず保存。

材料：キャベツ½コ
レンチン：8分20秒間

保存目安：冷蔵庫で5日間

まずは
この一品!

鶏肉とごまあえに

食べやすく切ったゆで鶏もも肉（P.98参照）1枚と同量のレンチンキャベツを、すりごま（白）大さじ2 ½、しょうゆ大さじ1、マヨネーズ小さじ2、砂糖大さじ½であえるだけ！

レンチン効果で甘みはグンとアップ、歯ごたえは絶妙

キャベツ½コは、芯を除いてから5cm幅に切り、さらに2cm幅にザクザクッと刻みます。耐熱ボウルに入れてラップをふんわりとかけ、レンチンしたらざるに入れ、流水を5秒間かけて粗熱を取ります。これできれいな色と歯ごたえが保たれます。このとき、水にさらしすぎると甘みがなくなるので、まだホカホカの状態で水から上げてください。アツアツでなければ大丈夫です。自然に水けをきり、保存容器に移して冷蔵庫へ。決して絞らないのがポイントです。熱を加えることでキャベツ本来の甘みが引き出され、かさもグンと減るので、たっぷり食べられます。

2人でキャベツ¼コ分を完食！

キャベツたっぷりお好み焼き

材料（2～3人分）

レンチンキャベツ　400g

A

- 小麦粉　カップ1
- だし　カップ1
- 長芋（すりおろす）　大さじ3
- 卵　1コ

豚バラ肉（薄切り）　4枚（100g）

むきえび（背ワタがあれば除く）　8匹

削り節・青のり・紅しょうが　各適量

中濃ソース・マヨネーズ・ポン酢しょうゆ　各適宜

作り方

① ボウルにレンチンキャベツを絞らずに入れ、**A**を加えて混ぜる。

② フライパンに豚肉を広げ入れて中火で熱し、えびをのせる。上から①の生地を流し入れ、程よい焼き目がつくまで弱めの中火で2～3分間焼く。上下を返し、両面をこんがりと焼く。菜箸を刺してみて、生の生地がついてこなければ焼き上がり。

③ ②を食べやすく切って器に盛り、削り節と青のりをふり、紅しょうがを添える。好みでソースとマヨネーズ、またはポン酢しょうゆをかけて食べる。

1人分380kcal／調理時間15分

具だくさんスープは、
キャベツをクッタリと
煮るとおいしい

キャベツとコーンのスープ

材料（2～3人分）

レンチンキャベツ　300g
たまねぎ　1コ
コーン缶（ホールタイプ）　1缶（145g）
バター　大さじ1
固形スープの素《もと》（洋風）　1コ
［常備品］
塩、黒こしょう（粗びき）

作り方

① たまねぎは薄切りにする。

② 厚手の鍋にバター、たまねぎを入れて中火で5分間ほど炒める。レンチンキャベツとコーン、固形スープの素と水カップ3を加えて煮立たせる。

③ キャベツが十分柔らかくなるまで3～4分間煮て、塩小さじ½、黒こしょう少々で味を調える。器に盛り、好みで黒こしょう適量をふる。

1人分120kcal／調理時間15分

にら しょうゆ

1. にらを小口切りにする。
2. しょうゆ10：水3を合わせる。
3. にらを漬けておく。

材料：にら1ワ、しょうゆカップ½、水大さじ2

保存目安：冷蔵庫で5日間

まずは
この一品!

刺身とあえるだけ

にらしょうゆ大さじ3にオリーブ油大さじ1と黒こしょう少々を合わせて、洋風のドレッシングに。白身魚の刺身とパプリカ、パクチーも一緒にあえれば、おもてなしにも使える一品が完成。

薬味にも、ドレッシングにも。細ねぎ感覚でたっぷりにらが食べられる

にらは袋に入れたままだと蒸れやすく、すぐに傷んでしまいます。刻んでしょうゆに漬けておくだけで、保存性と使い勝手がアップ。にらは根元が甘くておいしいので、もれなく全部刻みましょう。あとはしょうゆカップ½に水大さじ2を混ぜ合わせたものに漬けるだけ。これだけで、にら特有の香りや風味はとばずに、日もちするように。漬けたらすぐに食べられます。豆腐にかけるだけでもおいしいですが、オリーブ油やごま油と混ぜれば「食べるドレッシング」に。にらは疲労回復によいというアリシンや、ビタミンなども豊富なので、何にでも合わせてみてください。

にらしょうゆを
味つけにも具にも使い
風味豊かに

にらしょうゆ焼きそば

材料（2人分）

にらしょうゆのにら　大さじ4
にらしょうゆの汁　大さじ3
中華麺（蒸し）　2玉
豚薄切り肉（好みの部位）　100g
にんじん　5cm
ねぎ　1本
ごま油　大さじ2
［常備品］
塩、黒こしょう（粗びき）

作り方

① にんじんはせん切りに、ねぎは斜め薄切りに、豚肉は一口大に切る。

② 中華麺はざっと水をかけるか、耐熱皿に入れて電子レンジに20秒間かけてほぐす（温めすぎるとくっつくので注意する）。

③ フライパンにごま油を入れて中火で熱し、①の具を炒める。豚肉に火が通り、ねぎがしんなりしたら、②の麺を加えて炒め合わせる。

④ にらしょうゆのにらと汁を加え、炒め合わせる。味をみて塩・黒こしょう各少々で調える。器に盛り、好みでにらしょうゆのにら（分量外）をのせる。

1人分540kcal／調理時間15分

「レンチン鶏むね肉」と
合わせて、
さっぱりサラダ仕立てに

蒸し鶏のにらドレッシング

材料（2人分）

レンチン鶏むね肉（P.104参照）　½枚
レタス　1枚
きゅうり　½本
わかめ（乾）　3g
◎ドレッシング
　にらしょうゆ（にら・汁合わせて）
　　大さじ4
　砂糖　小さじ1
　ごま油　小さじ2
　酢　大さじ1
ラーユ　適宜
すりごま（白）　適宜

作り方

① わかめは水で戻し、食べやすく切る。レタスは短冊形に切る。きゅうりは斜め薄切りにしてから、細切りにする。レンチン鶏むね肉は食べやすく切るか、手で裂く。

② ドレッシングの材料を混ぜ、好みでラーユを加える。

③ ①を器に盛り、②のドレッシングをかける。好みですりごまをふって食べる。

1人分170kcal／調理時間7分

冷凍セロリ

1 セロリを茎と葉に分ける。

2 茎は斜め薄切りに、葉はザク切りにする。

3 分けて保存袋に入れ、冷凍する。

材料：セロリ2本

保存目安：冷凍庫で1か月

まずは
この一品!

セロリと
メンマをあえて

冷凍セロリ1本分に熱湯をかけて解凍し、軽く水けをきり、細く切った味つけメンマ50gとともにごま油小さじ2とラー油少々であえる。メンマの代わりにザーサイでも。

余りがちな葉も風味出しに
チョコチョコ使いを

セロリは生のまま冷凍ができる野菜です。特に葉は立派なのに持て余し気味ですが、味出しにチョコッと使いするのにはとてもよい食材。使いやすくザクザク切って、茎と葉に分けて冷凍しておきます。パラパラになるので、使いたい分だけ手で取り出せます。料理の風味づけにちょっと使いたい、というときには最適。ほんの1つかみ入れるだけで、味に深みが出て、複雑なおいしさに。カレーやスープなどには、凍ったまま加え、あえ物の場合は熱湯をかけて解凍します。セロリの香りは冷凍すると少し和らぐので、苦手という人は冷凍セロリを使うと、食べやすくなりますよ。

セロリのコクで
味の奥行きが
グッと増します

セロリカレー

材料（2～3人分）

冷凍セロリ　½本分
合いびき肉　200g
たまねぎ（薄切り）　2コ分
にんにく（みじん切り）　1かけ分
しょうが（みじん切り）　大さじ2
カレー粉　大さじ2
トマト水煮缶（カットタイプ）　カップ1
固形スープの素《もと》（洋風）　1コ
はちみつ　大さじ1
ご飯（温かいもの）　2～3皿分
パクチー　適宜
［常備品］
サラダ油、小麦粉、塩

作り方

① 鍋にサラダ油大さじ4を中火で熱し、たまねぎを茶色になるまで炒める。にんにく、しょうが、冷凍セロリを加えてさらに炒める。

② 香りがたったら、ひき肉を加えて炒める。火が通ったら、カレー粉、小麦粉大さじ1を加えて混ぜる。

③ トマト缶、固形スープの素、水カップ3を加え、煮立ったら弱火にして程よいとろみがつくまで煮詰める。塩小さじ1½とはちみつを加えて味を調える。

④ 皿にご飯とともに盛り、好みでパクチーを添える。

1人分800kcal／調理時間25分

セロリがうまみを
下支えする、
ほっこりスープ

セロリと豆のスープ

材料（2人分）

冷凍セロリ（茎）　½本分
たまねぎ　½コ
大豆（乾）　カップ1
⇒ゆで大豆カップ2にしてもよい。
その場合は、③で加える水をカップ2にする。
ベーコン（薄切り）　2枚
オリーブ油　大さじ2
固形スープの素（洋風）　½コ
ローリエ　1枚
［常備品］
塩、黒こしょう（粗びき）

作り方

① 大豆はたっぷりの水に浸し、一晩おく。

② たまねぎは薄切りにし、ベーコンは短冊形に切る。

③ 厚手の鍋にオリーブ油と②を入れ、焦がさないように3〜4分間炒める。冷凍セロリ、①の大豆、水カップ4、固形スープの素、ローリエを入れて煮立てる。大豆が柔らかくなるまで弱火で煮て、塩・黒こしょう各適量で味を調える。

1人分490kcal／調理時間20分　＊大豆を水に浸す時間を除く。

カットピーマン

① ピーマンを縦半分に切ってヘタと種を取る。

② 斜め1cm幅に切る。

材料：ピーマン8コ

保存目安：冷蔵庫で1週間

まずは
この一品!

ピーマンのきんぴら

カットピーマン8コ分をごま油大さじ1で焦がさないように火加減して4分間じっくり炒める。しょうゆ大さじ1、砂糖大さじ½を加えて汁けがなくなるまで炒め、仕上げにごまをふる。無限に食べられる味。

しっかり炒めると甘くなるから、太めに切っておく

ピーマンを切る手間は、1コも1袋も一緒。だからまとめて切っておきましょう。ピーマンは4分間、じっくり炒めると苦みが甘みに変わります。細く切ると炒めているうちにシナシナになってしまうので、1cm幅くらいのしっかりした太さがよいでしょう。長く炒めても、ピーマンのもつ歯切れのよさは変わらず、食べごたえもあります。ピーマンだけできんぴらにして常備菜にするもよし、もう1種類食材を合わせて、メインディッシュにしてもよし。1皿でこんなにたくさんのピーマンを入れるの?と思っても、あっという間に食べきれます。

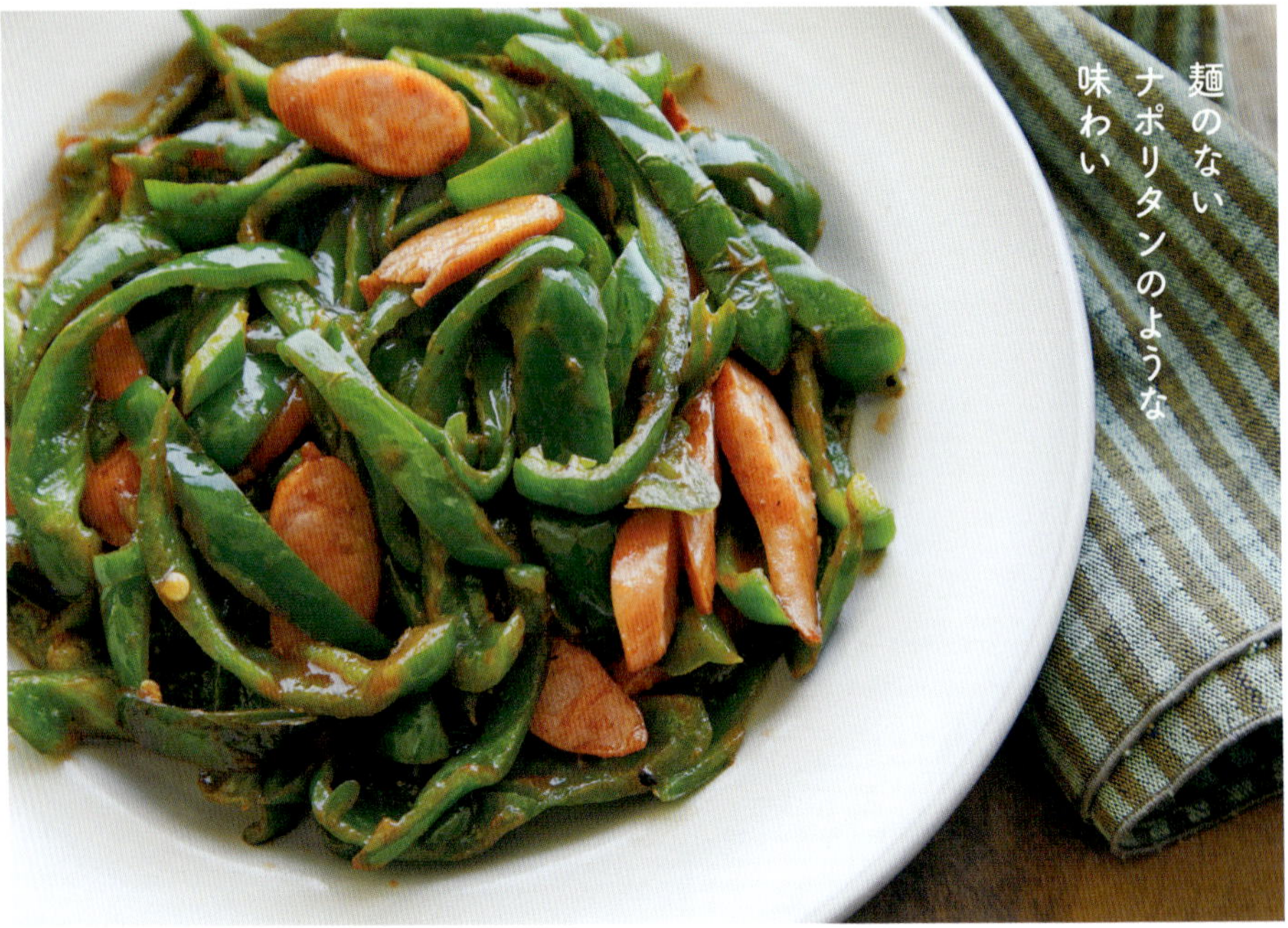
麺のない
ナポリタンのような
味わい

ピーマンとソーセージの
ケチャップしょうゆ炒め

材料（2～3人分）

カットピーマン　8コ分
ウインナーソーセージ　3本
トマトケチャップ　大さじ3
［常備品］
サラダ油、黒こしょう（粗びき）、
しょうゆ

作り方

① ソーセージは斜め薄切りにする。

② フライパンにサラダ油大さじ1を中火で熱し、カットピーマンを焦がさないように4分間炒める。

③ ①を加え、やや焼き色がつくまで炒める。トマトケチャップ、黒こしょう少々、しょうゆ小さじ1を加えて炒め合わせる。味をみてうすいときは塩少々（分量外）を加える。

1人分130kcal／調理時間7分

ピーマンと豚肉だけ！
潔さがおいしさの
決め手。

チンジャオロースー

材料（2人分）

カットピーマン　8コ分
豚薄切り肉（好みの部位）　100g
しょうが（みじん切り）　大さじ1
にんにく（みじん切り）　1かけ分
オイスターソース　小さじ1
［常備品］
塩、黒こしょう（粗びき）、
小麦粉、サラダ油、しょうゆ

作り方

① 豚肉は1cm幅に切り、塩・黒こしょう各少々、小麦粉小さじ1½、サラダ油小さじ1をまぶして軽くもみ込む。

② フライパンにサラダ油大さじ1を中火で熱し、カットピーマンを焦がさないように2分間炒める。しょうが、にんにくを加えてさらに2分間炒める。

③ フライパンの片側にピーマンを寄せ、空いたところで①を炒める。豚肉に火が通ったら、オイスターソースとしょうゆ小さじ2強を加え、全体を混ぜて炒め合わせる。

1人分150kcal／調理時間15分

ゆでゴーヤー

1. 縦半分に切ってワタと種を取り、５㎜厚さに切る。
2. 熱湯に塩少々を入れて２～３分間ゆでる。
3. ざるに上げて冷水にとり、冷めたら絞らず保存。

材料：ゴーヤー１本、塩少々

保存目安：冷蔵庫で４～５日間

ゴーヤーは
コーンと好相性！

まずは
この一品！

甘酢（上：酢大さじ3＋砂糖大さじ1+しょうゆ小さじ½＋塩小さじ¼）や、たまねぎマヨネーズ（左：P.18参照・適量＋塩・こしょう各少々）であえて。

塩ゆでにすると、程よい苦みと歯ごたえに

ゴーヤーはワタから傷んでくるので、取って保存します。両端を切って縦半分に切り、ワタと種を除きます。しっかり食べごたえのある5㎜厚さに切り、湯を沸かして塩少々を加え、ゴーヤーが柔らかくなるまで2～3分間ゆでます。色が一段濃くなったら1切れ食べてみて、火が通っていたらざるに上げます。冷水にとり、粗熱が取れたらすぐに引き上げて。絞らずに保存し、使うときに水けを絞ります。このゆでゴーヤーを使うと、ゴーヤーチャンプルーも豆腐が温まればすぐにでき上がります。

ちなみに取ったワタは天ぷらにすると、おいしく食べられます。

豆腐は塊のまま焼いてからくずして炒めます

ゴーヤーチャンプルー

材料（2～3人分）

ゆでゴーヤー　1本分
木綿豆腐　（小）½丁（150g）
ウインナーソーセージ（斜め薄切り）
　2本分
溶き卵　1コ分
ごま油　大さじ1
顆粒《かりゅう》チキンスープの素《もと》（中華風）
　2つまみ
［常備品］
塩、黒こしょう（粗びき）

作り方

① 木綿豆腐はペーパータオルにのせ、10分間ほど水きりする。

② フライパンにごま油を中火で熱し、①を塊のまま入れて全体に焼き色がつくまで焼く。

③ ゆでゴーヤーをごく軽く絞って加える。ソーセージを加え、豆腐を木べらで一口大にくずし、炒め合わせる。ゴーヤーが温まったら塩小さじ¼、黒こしょう少々、顆粒チキンスープの素を加えて味を調える。

④ ③をフライパンの片側に寄せ、空いたところに溶き卵を流し入れる。半熟状になったら全体を混ぜ合わせ、器に盛る。

1人分140kcal／調理時間10分　＊豆腐の水きりをする時間は除く。

カリカリの衣に
食べごたえのある
ゴーヤーがマッチ

ゴーヤーと桜えび、ひじきのかき揚げ

材料（2～3人分）

ゆでゴーヤー　1本分
桜えび（乾）　5g
芽ひじき（乾）　5g
卵黄　1コ分
炭酸水　大さじ2
レモン　適量
［常備品］
小麦粉、塩、サラダ油

作り方

① 芽ひじきはたっぷりの水で柔らかく戻し、水けをきる。

② ゆでゴーヤーは水けを絞ってボウルに入れ、①と桜えびを加えて混ぜる。

③ ②のボウルに卵黄、小麦粉大さじ6、塩少々を加えて混ぜ、炭酸水を加えてさらに混ぜる。

④ 小さめのフライパンに深さ3cmほどサラダ油を入れて160℃に熱し、③をカレースプーンですくって菜箸で滑らせて入れる。カリッとするまでゆっくり揚げ、器に盛る。レモンを搾り、塩適宜をつけて食べる。

1人分290kcal／調理時間15分　＊ひじきを戻す時間は除く。

トマトのサルサ

1. トマトを7㎜角、それ以外を5㎜角に切る。
2. 塩とにんにくを加えて混ぜる。
3. 30分間おいて汁けが出るのを待つ。

材料：トマト2コ、たまねぎ½コ、青とうがらし3～4本、ししとうがらし4本、塩小さじ⅕、にんにく（すりおろし）小さじ¼

保存目安：冷蔵庫で3～4日間

まずは
この一品!

パン・コン・トマテ風

硬くなったフランスパンをカリカリに焼き、おろしにんにくを混ぜたオリーブ油を塗ってトマトのサルサをたっぷりのせる。汁けがしみてきたら黒こしょうをふって食べて!

トマトのうまみ、青とうがらしの辛み、たまねぎの食感を合わせて

トマトの赤、とうがらしの緑、たまねぎの白で、サルサ・メヒカーナ。メキシコ料理の万能ソースですが、特別な食材や香辛料が入っていないので、和の食材ともなじみやすく、薬味感覚で使えます。トマトは汁や種にうまみがあるので捨てずにソースに使います。青とうがらしの量は好みで加減を。種を取ると辛みが和らぎます。ししとうはお好みでピーマンを使ってもよいです。刻んだ材料を全部ボウルに入れ、塩とにんにくを加え、30分間ほどして汁けが出てきたら完成。出てきた汁もトマトのうまみたっぷりでおいしいので、余さず使いましょう。

これをかければ
野菜も無理なく
たっぷりとれる！

サルサぶっかけそうめん

材料（2人分）

トマトのサルサ　カップ1
そうめん　3ワ
青じそ　5枚

A

めんつゆ（市販／3倍濃縮）　大さじ4
水　大さじ6
ごま油　小さじ2

作り方

① そうめんは熱湯で好みの堅さにゆで、冷水にとってぬめりを落とし、ざるに上げて水けをきる。

② 青じそはせん切りにする。トマトのサルサと **A** を混ぜ合わせる。

③ 器に①を盛り、②のソースをかけて青じそをのせる。

ひき肉との相性も抜群！
おもてなしにも
喜ばれます。

スパイシーミートローフ

材料（2人分）

トマトのサルサ　カップ1
合いびき肉　250g
パン粉　カップ½
卵　1コ
◎ソース
　マヨネーズ　大さじ1
　フレンチマスタード　大さじ1
［常備品］
こしょう、サラダ油

作り方

① ボウルにトマトのサルサ、ひき肉、パン粉、卵、こしょう少々を入れてよくこねる。

② アルミ箔《はく》にサラダ油少々を塗り、①を広げて四角く形を整える。

③ 200℃に温めたオーブンで15分間焼き、粗熱が取れたら食べやすく切り分ける。ソースの材料を混ぜ合わせて添える。

　1人分470kcal／調理時間30分

塩きゅうり

1. きゅうりを薄い輪切りにする。
2. 塩をふる。
3. しんなりしたら絞らず汁ごと冷蔵庫で保存。

材料：きゅうり4本、塩小さじ1

保存目安：冷蔵庫で5日間

まずは
この一品！

パンにはさんで

ロールパンにオリーブ油とクリームチーズを塗り、パン1コにつき塩きゅうり1本分をはさんで、黒こしょうをガリガリ。好みでマヨネーズもプラスして。

輪切りにして塩をふるだけ。程よくしんなり、味もなじみやすく

きゅうりは1袋まとめて、薄い輪切りにします。スライサーを使うと、均一に薄くできるのでおすすめですが、包丁でも。塩小さじ1をふって混ぜ、水分が出てくるまでしばし待って。手でギュギュッともみ込んでしまうときゅうりの細胞が壊れ、傷みやすくなります。あとは汁ごと保存容器に移して、冷蔵庫へ。使う分だけそのつど絞ります。あえ物や炒め物に使うのもいいですが、おすすめはパンと合わせること。みずみずしい塩きゅうりとパンの組み合わせは、モソモソしたものが喉を通りづらい時季にも、程よい水けで食べやすくなります。

オリーブ油とみそ、
和と洋の組み合わせで
新鮮なおいしさ

きゅうりの梅みそあえ

材料（2人分）

塩きゅうり　1本分
しらす干し　10g
◎あえ衣
- オリーブ油　小さじ2
- 練り梅（市販）　小さじ1
- みそ　小さじ1

作り方

① 塩きゅうりは軽く水けを絞り、ボウルに入れる。

② ①にあえ衣の材料を加えてざっと混ぜる。

③ しらす干しを加え、混ぜ合わせる。器に盛り、あえ衣の残りをのせる。

1人分60kcal／調理時間5分

火を通したきゅうりは
生が苦手な人でも
食べやすい！

きゅうりと鶏むね肉の中華風炒め

材料（2人分）

塩きゅうり　2本分
鶏むね肉　½枚（150g）

A

　小麦粉　小さじ1
　塩・黒こしょう（粗びき）　各少々

ごま油　大さじ1
しょうが（せん切り）　3g
赤とうがらし（小口切り）　適宜
◎合わせ調味料
　しょうゆ　大さじ1
　酢　大さじ1
　砂糖　小さじ1

作り方

① 塩きゅうりは少し強めに水けを絞る。

② 鶏肉は7mm厚さに切ってから、1cm幅の棒状に切る。**A**を順にまぶす。

③ フライパンを中火で熱し、ごま油を入れて②としょうが、赤とうがらしを入れ、強火で炒める。

④ ③をフライパンの片側に寄せ、空いたところに塩きゅうりを入れて温める。

⑤ 鶏肉に火が通ったら全体を混ぜ、合わせ調味料をよく混ぜて加え、さらに炒める。

1人分210kcal／調理時間10分

パクチーしょうゆ漬け

1. 根を切り落とし、茎と葉はザク切りにする。
2. 瓶に詰めてパクチーがつかるくらいまでうす口しょうゆを入れる。
3. 根は刻まずに漬ける。

材料：パクチー1ワ、うす口しょうゆ適量

保存目安：常温で3か月

まずは
この一品！

厚揚げのっけ

厚揚げを焼いて、のせるだけ。ひと手間かけるなら、パクチーしょうゆ漬けににらとごま油を混ぜて。スイートチリソースともよく合う。

うす口しょうゆに漬けるから香りと風味も生きる

パクチーを使い残したとき、根を水につけておいても次の日にはシナシナになってしまいます。いろいろな方法を試しましたが、茎と葉を刻んでうす口しょうゆに漬けると香りも残り、使いやすいことがわかりました。空き瓶にギュウギュウに詰め、つかるくらいにうす口しょうゆを注ぐだけ。お好きならばここにしょっつるやナムプラーを足してもおいしいです。かなりもちますが、ふたの内側がかびやすいのでご注意を。立派な根が付いたものが手に入ったら、根は刻まずに丸のままうす口しょうゆに漬けます。スープに入れるとよいだしになります。

炊飯器で
手軽につくれて
やさしい味わい

かんたんカオマンガイ

材料（3～4人分）

パクチーしょうゆ漬け　適量
米　360㎖（2合）
鶏もも肉　1枚（250g）
A
- うす口しょうゆ　小さじ2
- ナムプラー　小さじ1

にんにく　1かけ
しょうが（薄切り）　4枚
◎付け合わせ
- サニーレタス（またはレタス）・きゅうり・トマト　各適量

しょうが（すりおろす）　適量
［常備品］
黒こしょう（粗びき）、しょうゆ

作り方

① 米は洗ってざるに上げ、普通に水加減する。**A**を加えて混ぜる。

② にんにくは縦半分に切る。鶏肉は3cm角に切る。

③ ①の米の上に②と薄切りのしょうがをのせて炊く。

④ サニーレタスは食べやすくちぎり、きゅうりは薄切りにする。トマトはくし形に切る。

⑤ ③のご飯が炊けたら鶏肉を取り出し、ご飯を皿に盛って鶏肉をのせ、④の野菜を添える。パクチーしょうゆ漬けを鶏肉にのせて黒こしょうをふり、すりおろしたしょうがとしょうゆ適量を添える。

1人分550kcal／調理時間10分　＊米を炊く時間は除く。

鶏とパクチーのスープ

材料（2人分）

パクチーしょうゆ漬け　適量
パクチーしょうゆ漬けの根
　2～3本
鶏もも肉　(小)½枚（130g）
たまねぎ　½コ
しょうが（せん切り）
　薄切り4枚分
にんにく（薄切り）　½かけ分
ナムプラー　小さじ1
レモン（輪切り）　2枚
［常備品］
塩、黒こしょう（粗びき）

作り方

① 鶏肉は2cm角、たまねぎは1cm角に切る。

② 鍋に①とパクチーしょうゆ漬けの根、しょうが、にんにく、水カップ4を入れて強火にかける。煮立ったら弱火にして7分間煮る。塩小さじ¼、黒こしょう少々、ナムプラーで味を調える。

③ 器に盛り、レモンとパクチーしょうゆ漬けをのせ、黒こしょう少々をふる。

しょうゆ漬けの
パクチーの根が、
よいだしに！

1人分160kcal／調理時間15分

レンチンなすマリネ

1. ヘタを除き、皮をしまむきにして、四つ割りにする。
2. 耐熱容器に入れ、ラップをしてレンチン。
3. 酢をからめてから、お好みのマリネ液に漬ける。

材料：なす5コ、酢大さじ1
レンチン：5分〜5分30秒間

保存目安：冷蔵庫で１週間

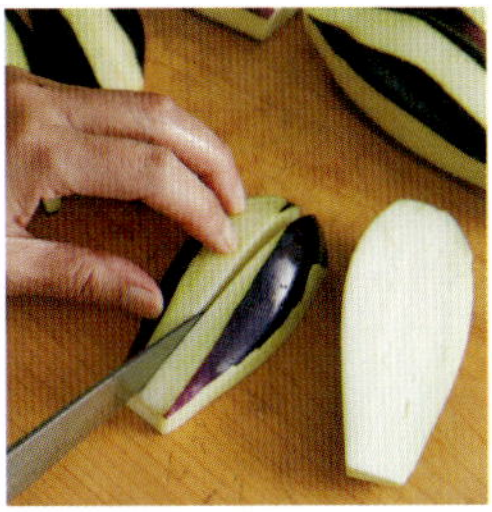

1日ごとに　じんわり味がしみる、レンチンなすマリネ

つくりおきはあまり好きではないのですが、このなすのマリネだけは別。すぐ食べてもおいしいけれど、日がたつほどによりおいしくなるんです！　なすの皮を1コにつき4か所ほどピーラーでむいてからレンチンし、皮の色落ち防止のために酢をからめます。これでなすの水っぽさも抑えられ、味が入りやすくなります。保存容器になすと好みのマリネ液を入れ、隙間が空かないように上から軽く押さえて漬けるだけ。漬けてすぐ食べられますが、1週間はおいしく食べられるので、たっぷりつくって日に日に味がしみ込むのを楽しんでください。

マリネ液いろいろ

分量はなす5コ分を目安にしています。すべて混ぜ合わせるだけ！

イタリアンマリネ（左上）

にんにく（みじん切り）　1かけ分
オリーブ油　大さじ2
レモン汁・水　各大さじ2
しょうゆ　小さじ1
塩　小さじ½
こしょう　少々
※オリーブ油でにんにくをうっすら色づくまで炒めてから、他の材料と混ぜ合わせる。食べるときにバジルの細切りをのせても。

ポン酢マリネ（左下）

市販のポン酢しょうゆ・水　各大さじ5
しょうが（すりおろす）　小さじ1

にら中華ドレッシング（右上）

にら（小口切り）　4本分
しょうが（みじん切り）　大さじ1
酢・しょうゆ　各大さじ4
水　大さじ3
砂糖　大さじ1½
ごま油　大さじ1
※好みでラーユを足してもよい。

しょうが甘酢（右下）

しょうが（せん切り）　8g
酢・水　各大さじ6
砂糖　大さじ2
塩　小さじ⅓

レンチンかぼちゃ

1. ワタと種をスプーンで取る。
2. 3cm厚さに切ってから一口大に切る。
3. 耐熱容器に入れ、ラップをしてレンチン。

材料：かぼちゃ¼コ
レンチン：5分50秒間

保存目安：冷蔵庫で5日間

まずは
この一品！

レンジで甘辛煮

耐熱容器に水カップ¼、しょうゆ大さじ1½、砂糖大さじ1を混ぜ合わせ、レンチンかぼちゃ⅛コ分を加えてさらにレンチン2分50秒。おふくろの味が一瞬で完成！

ゆでるよりもホクホク甘く、煮っころがしだってあっという間にできる！

かぼちゃはレンチンが断然おいしい野菜。使いやすい大きさに切って、レンチンしておきましょう。丸のままだとかなり長くもちますが、カットしたものはワタと種から傷んでくるので、まずはここを除いてから、皮ごと3〜4㎝角の一口大に切ります。かぼちゃがグラグラしないように平らな面を下にして安定させると、両手を使って切ることができます。片方の手を包丁の背に添え、まっすぐに刃を入れます。これで力が入りやすく、安全に切れます。あとは電子レンジにかけるだけ。火が通っているので、料理への展開もグンとラクになります。

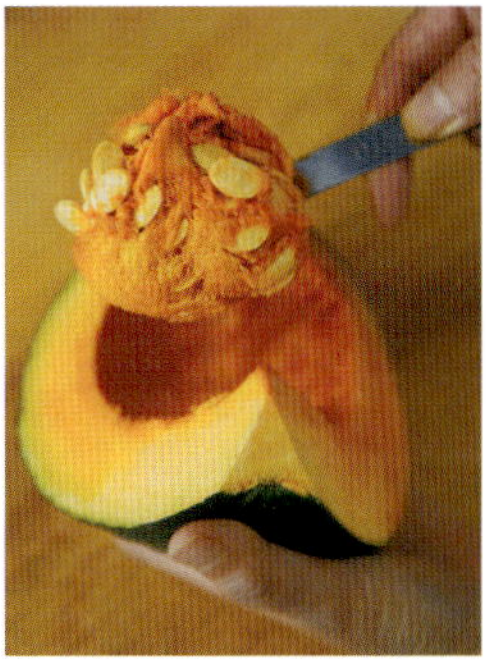

ねっとり甘い
かぼちゃにくるみの
アクセントが楽しい

かぼちゃと
カッテージチーズのサラダ

材料（つくりやすい分量）

レンチンかぼちゃ　¼コ分
カッテージチーズ　50g
（P.116の牛乳カッテージチーズでも）
たまねぎ（みじん切り）　大さじ3
マヨネーズ　大さじ2
ハム　3枚
くるみ（いったもの）　30g
［常備品］
塩、黒こしょう（粗びき）

作り方

1. たまねぎとマヨネーズを混ぜ合わせ、5分間以上おく（またはP.18の「たまねぎマヨネーズ」大さじ4でもよい）。
2. ハムは1cm四方に切り、くるみは粗く刻む。
3. すべての材料を混ぜ合わせ、かぼちゃを粗くつぶす。塩・黒こしょう各少々で味を調える。

全量900kcal／調理時間15分

トマトのうまみが、
かぼちゃの甘さと
マッチ。

かぼちゃのトマト煮

材料（2～3人分）

レンチンかぼちゃ　¼コ分
たまねぎ　½コ
セロリ　10cm
にんにく　1かけ
ベーコン（薄切り）　2枚
オリーブ油　大さじ2

A

水　カップ1½
トマト水煮缶　カップ1
固形スープの素《もと》（洋風）　1コ

［常備品］
塩、黒こしょう（粗びき）

作り方

① たまねぎは2cm角に切る。セロリは1cm厚さのブツ切りにし、にんにくは2つに切る。ベーコンは2cm幅に切る。

② 鍋にオリーブ油を入れて中火で熱し、①を焦がさないように3分間ほど炒める。

③ **A**を加え、煮立ってきたらふたをし、弱火にして7分間煮る。

④ レンチンかぼちゃを加え、さらに2分間ほど煮る。塩小さじ⅓、黒こしょう少々で味を調える。

1人分300kcal／調理時間15分

これがいちばん
おいしい、
かぼちゃの食べ方

かぼちゃのガーリックソテー

材料（2～3人分）
レンチンかぼちゃ　¼コ分
にんにく　4かけ
オリーブ油　大さじ3
［常備品］
塩、黒こしょう（粗びき）

作り方

① にんにくは薄切りにする。
② フライパンににんにくとオリーブ油を入れて弱火にかけ、にんにくがきつね色に色づいてカリカリになるまでじっくりと火を通す。油を残し、にんにくだけを取り出す。
③ ②のフライパンにレンチンかぼちゃを加えて強めの中火にかけ、表面に焼き色をつける。
④ 塩・黒こしょう各少々で味を調える。器に盛り、②のにんにくをのせ、塩適量をふる。

1人分260kcal／調理時間10分

山梨名物
〝ほうとう〟
のような味わい。

かぼちゃと鶏肉のみそ汁

材料（2～3人分）

レンチンかぼちゃ　⅛コ分
鶏もも肉　½枚（150g）
ねぎ　1本
生しいたけ　3枚
だし　カップ3
［常備品］
みそ

作り方

① ねぎは1cm厚さの斜め切りにする。しいたけは石づきを除き、1cm厚さに切る。鶏肉は一口大に切る。

② 鍋にだしと①をすべて入れて中火にかける。煮立ったらアクを取り、弱火にして7分間ほど煮る。

③ レンチンかぼちゃを加え、みそ大さじ3を溶き入れてサッと煮る。

1人分220kcal／調理時間15分

冷凍きのこミックス

① きのこの石づきを除いて使いやすく切る。

② 保存袋に入れて冷凍する。

材料：好みのきのこ3種類各1パック

保存目安：冷凍庫で1か月

まずは
この一品！

きのこの酢の物

冷凍きのこ200gは電子レンジに3～4分間かけて解凍。こんがり焼いてほぐした塩ざけ1切れと一緒に合わせ酢（酢大さじ3+砂糖大さじ1+しょうゆ小さじ2+しょうがのすりおろし小さじ1）であえる。

数種類のきのこを しめじの大きさに合わせて 切って冷凍しておく

きのこは冷凍保存をしても、味が落ちません。いろいろな料理に使える切り方で保存しておくと便利です。種類はなんでもいいですが、ここではしいたけとエリンギ、しめじをミックス。石づきを取ってほぐし、それぞれ1切れをしめじ1本の長さを目安にして切ります。あとは保存袋に入れ、冷凍庫へ。バラバラの状態で冷凍されるので、例えばみそ汁にちょこっと入れたい、などというときに使いたい分だけ取り出せます。また、冷凍によりきのこの細胞膜が壊れるので、うまみがアップ。自然解凍するとドリップが出るので、凍ったまま加熱します。

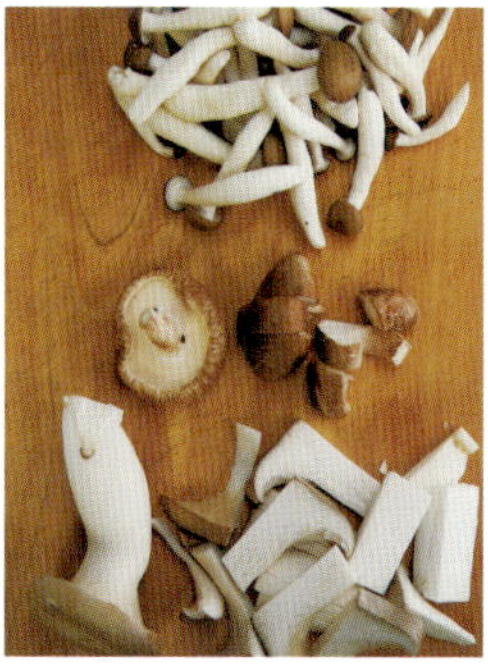

寒い季節に
うれしい、
アツアツのごちそう

きのこグラタン

材料（2～3人分）

冷凍きのこミックス　200g
たまねぎ　1コ
ウインナーソーセージ　4本
マカロニ　100g
バター　大さじ2
牛乳　カップ2½
固形スープの素《もと》（洋風）　1コ
ピザ用チーズ　70g
［常備品］
小麦粉、塩、こしょう

作り方

① たまねぎは薄切りに、ソーセージは1cm厚さに切る。

② マカロニは袋の表示時間より1分間ほど長く、柔らかめにゆでる。

③ フライパンにバターを中火で溶かし、たまねぎがうっすら色づくまで炒める。ソーセージ、冷凍きのこミックスを加えてさらに炒める。

④ 小麦粉大さじ3をふり入れて炒め、粉っぽさがなくなったら冷たい牛乳を一気に加えて混ぜる。②と固形スープの素を加え、ちょうどよいとろみがつくまで煮詰める。味をみて塩・こしょう各少々で調える。

⑤ ④を耐熱容器に入れ、チーズをのせてオーブントースターでチーズに焼き色がつくまで焼く。

1人分790kcal／調理時間20分

材料をセットして
炊くだけ！
きのこのだしがじんわり

きのこと鶏肉の炊き込みご飯

材料（3～4人分）

冷凍きのこミックス　150g
米　360㎖（2合）
鶏もも肉　（小）1枚（200g）
にんじん　5cm
［常備品］
しょうゆ

作り方

① 米は洗ってざるに上げ、普通に水加減する。

② にんじんは皮をむいて短い短冊切りにする。鶏肉は2cm角くらいに切る。

③ ①にしょうゆ大さじ2を混ぜ、冷凍きのこミックス、鶏肉、にんじんを上にのせて普通に炊く。蒸らし終わったら混ぜる。

1人分390kcal／調理時間10分　＊米を炊く時間は除く。

冷凍ゆでほうれんそう

1. 軸と葉に分け、ザク切りにする。
2. 熱湯に軸→葉の順で入れてゆでる。
3. 絶対に絞らず、小分けにして冷凍。

材料：ほうれんそう1ワ

保存目安：冷凍庫で1か月

まずは この一品！

ほうれんそうのナムル

冷凍ゆでほうれんそう½ワ分は熱湯をかけて解凍して水けを軽く絞り、すりごま・ごま油各小さじ2、塩小さじ⅕、顆粒《かりゅう》チキンスープの素《もと》（中華風）2つまみ、こしょう少々と混ぜ合わせる。好みでコチュジャン少々を添えても。

ゆでたあとに決して絞らないことで日もちするように

ほうれんそうは根元を四つ割りにしてよく洗い、軸と葉をザク切りにします。熱湯にまず軸を入れ、沸いたら葉を入れ、さらにもう一度沸いたらゆで上がり。冷水につけて冷まし、ざるに上げて自然に水けがきれるまでおきます。切ってからゆでるので大きな鍋は必要ないし、小分けにしたときに葉と軸が混ざります。歯ごたえよく仕上げるコツは、絞らないこと。絞ると細胞が壊れ、食感が失われます。水けが残った状態でアルミカップに小分けし、冷凍庫へ。解凍は熱湯をかけるか、カップを外して電子レンジの解凍モードへ。もう、野菜不足に悩まされません。

ほうれんそうの皮なしキッシュ

材料（2人分）

冷凍ゆでほうれんそう　50g
ハム　2枚
ねぎ（みじん切り）　½本分
バター　大さじ1

A

溶き卵　3コ分
生クリーム　大さじ4
ピザ用チーズ　50g
黒こしょう（粗びき）　少々

作り方

① 冷凍ゆでほうれんそうは解凍し、水けを軽く絞る。ハムは1cm四方に切る。

② フライパンを中火で熱してバターを溶かし、ねぎを入れて柔らかくなるまで炒める。①を加えてさらに炒める。

③ **A**を混ぜ合わせ、②のフライパンに流し入れて混ぜる。弱火にしてふたをし、全体がふっくらとふくらむまで3～4分間焼く。火が通ったら取り出し、食べやすく切る。

ふたをして
ふっくら焼けば、
簡単にキッシュ風

1人分410kcal／調理時間15分

香味野菜を立たせた、
シンプルな
チャーハン

ほうれんそうとにんにくのチャーハン

材料（2人分）

冷凍ゆでほうれんそう　100g
にんにく（みじん切り）　2かけ分
ねぎ（みじん切り）　½本分
ご飯（温かいもの）　茶碗《わん》2杯分（300g）
顆粒《かりゅう》チキンスープの素《もと》（中華風）
　小さじ⅕
ごま油　大さじ2½
◎スクランブルエッグ
　卵　2コ
　塩・黒こしょう（粗びき）　各少々
　水　大さじ1
　ごま油　少々
［常備品］
塩、黒こしょう（粗びき）、しょうゆ

作り方

① 冷凍ゆでほうれんそうは解凍し、水けを軽く絞ってみじん切りにする。

② フライパンにごま油を中火で熱し、にんにく、ねぎと①を炒める。香りが出たらご飯を入れ、へらの面で押しつけては返し、全体を炒める。

③ ご飯がほぐれたら塩小さじ⅓、黒こしょう少々、顆粒チキンスープの素を入れて混ぜる。鍋肌からしょうゆ小さじ1を入れて焦がし、全体を炒め合わせて器に盛る。

④ スクランブルエッグのごま油以外の材料を混ぜ合わせる。フライパンにごま油を中火で熱し、卵液を流し込んで好みの堅さにいる。③にのせる。

1人分530kcal／調理時間15分

煮汁がじんわりと
しみ込んだ、
しみじみおかず

ほうれんそうの油揚げ巻き煮

材料（2人分）

冷凍ゆでほうれんそう　100g
油揚げ　2枚
◎煮汁
　だし　カップ1
　みりん　大さじ1½
　しょうゆ　大さじ1
［常備品］
小麦粉

作り方

① 冷凍ゆでほうれんそうは解凍し、水けを軽く絞って小麦粉大さじ1と混ぜる。油揚げはペーパータオルにはさんで強く押し、余分な油をきる。

② 油揚げ1枚を縦に置き、①のほうれんそうの½量をのせてのり巻きのように巻き、ようじでとめる。もう1枚も同様につくる。

③ 小さめの鍋に②と煮汁の材料を入れ、中火にかける。ひと煮立ちしたら落としぶたをし、弱めの中火にして煮汁がやや残るまで煮る。

④ 火を止めて煮汁の中で上下を返し、3分間ほどおいて煮汁を吸わせる。ようじを外し、食べやすく切る。

1人分180kcal／調理時間15分

トロリととろける
チーズで
ボリュームある主菜に

ほうれんそうとチーズのオムレツ

材料（2人分）

冷凍ゆでほうれんそう　50g
卵　3コ
ピザ用チーズ　30g
牛乳　大さじ1
たまねぎ（薄切り）　½コ分
バター　大さじ1
［常備品］
こしょう

作り方

① 卵はボウルに割りほぐし、牛乳、チーズ、こしょう少々を加え混ぜる。冷凍ゆでほうれんそうは解凍し、水けを軽く絞る。

② フライパンにバターとたまねぎを入れて中火にかけ、たまねぎがあめ色になったら①のほうれんそうを加えて炒める。

③ ①の卵液を流し入れ、全体を大きくかき混ぜ半熟にする。半分に折りたたんで半月形にし、チーズが溶けるまで両面を焼く。

1人分240kcal／調理時間15分

塩ふり大根

1
皮をむき、太めのせん切りに、葉は小口切りにする。

2
保存用器に入れ、塩をふる。

3
ざっと混ぜて、出てきた水分ごと保存する。

材料：大根10㎝、塩小さじ1

保存目安：冷蔵庫で５日間

まずは
この一品！

大根とちくわの赤じそあえ

塩ふり大根10cm分と大根の葉少々、小口切りのちくわ2本分を、赤じそふりかけ小さじ1であえるだけ！

塩をふるだけで歯ごたえもみずみずしさもキープ

なかなか食べきれない大根は、新鮮なうちに塩をふっておきましょう。皮をむいて太めのせん切り（千六本）にします。まず5cm長さの薄切りにしてから、2mm幅くらいのせん切りに。ほんのちょっと付いている葉も一緒に小口切りにします。大根約10cmに対して小さじ1の割合で塩を全体にふり、混ぜるだけ。もみ込むと細胞に傷がつくので、気をつけましょう。すぐに水分が出るので、絞らずに汁ごと保存します。うっすらとした塩けなので、そのまま食べても歯ごたえ抜群でおいしい!! すぐ火が通るので、スープやみそ汁の具にも便利に使えます。

白菜の代わりに
大根を具にした
軽やかなギョーザ

大根ギョーザ

材料（2人分／16コ）

塩ふり大根　150g
豚ひき肉　120g
にんにく（すりおろす）　小さじ½
ギョーザの皮　16枚
ごま油　小さじ2
◎たれ
｜酢・しょうゆ・ラー油　各適量
［常備品］
黒こしょう（粗びき）、サラダ油

作り方

① 塩ふり大根は水けを軽く絞り、みじん切りにする。

② ボウルに①とひき肉、にんにく、ごま油、黒こしょう少々を入れて粘りが出るまでよく混ぜる。

③ ギョーザの皮の縁を水でぬらし、②を16等分にして包む。

④ フライパンにサラダ油を薄くひき、③を並べて強めの中火にかける。1cmほどつかるまで水を注ぎ、ふたをする。2分間ほど加熱し、ふたを取って余分な水を捨てる。

⑤ サラダ油大さじ2を回しかけ、中火にして皮がカリッとするまで焼く。たれをつけて食べる。

せん切りだから
すぐ火が通る、
やさしい味わい。

大根と鶏だんごのスープ

材料（2人分）

塩ふり大根　150g

◎鶏だんご

- 鶏ひき肉（もも）　100g
- 小麦粉　小さじ2
- ねぎ（みじん切り）　5cm分
- こしょう　少々

顆粒《かりゅう》チキンスープの素《もと》（中華風）
　小さじ1

ごま油　少々

［常備品］

黒こしょう（粗びき）、塩

作り方

① 鍋に水カップ2と顆粒チキンスープの素、黒こしょう少々を入れ、水けを軽く絞った塩ふり大根を加えて中火にかけ、煮立てる。

② 鶏だんごの材料をボウルに入れ、よく練り混ぜる。一口大に丸める。

③ ①の鍋に②の鶏だんごを加え、5分間煮る。味をみて塩・黒こしょう各少々で調え、器に盛ってごま油、黒こしょう少々をふる。好みでラー油少々（分量外）をふってもおいしい。

1人分130kcal／調理時間15分

白菜の塩水漬け

1. 白菜をザク切りにする。
2. 2・5％の濃さの塩水をつくり、白菜を漬ける。
3. 全体が塩水につかるまで冷蔵庫におく。

材料：白菜¼コ、水500mℓ、塩小さじ2強

保存目安：冷蔵庫で1週間

まずは
この一品!

白菜とカリカリベーコンのサラダ

ベーコン2枚分をカリカリに炒めて細切りにし、水けをきった白菜の塩水漬け250gと合わせる。ドレッシング（マヨネーズ・オリーブ油各大さじ1+レモン汁小さじ2+こしょう少々）であえ、パセリのみじん切りをふる。

程よくしんなり、うっすら塩味だから使いやすい

鍋で余った白菜は、漬物ほどしょっぱくない、濃度2・5%の塩水に漬けて使いやすくします。塩水に軸↓葉の順に漬けるだけ。鍋のふたなど、軽めのおもしをするといいでしょう。そのままおいておくと、2時間ほどで白菜自体の水分が出てきて、全体が塩水につかった状態になります。つかった状態ならば空気に触れる部分が少なく、長もちします。冬場の大きい白菜の場合は最初の塩水の量を増やし、ヒタヒタにつかる程度にしてください。漬け上がりは程よくしんなり、うっすらとした塩味なので、サラダ感覚でドレッシングであえてもおいしいです。

トロンと
やさしい味わいで、
メインディッシュになる一品

白菜とさけのあんかけ煮

材料（2人分）

白菜の塩水漬け　250g
生ざけ（切り身）　2切れ
しょうが（せん切り）　5g

A

だし　カップ2
うす口しょうゆ　小さじ2
塩　少々

◎水溶きかたくり粉

かたくり粉　小さじ2
水　小さじ1

七味とうがらし　適量

作り方

① 白菜の塩水漬けは軽く水けを絞り、鍋に入れる。

② ①にしょうがを加え、さけをのせる。**A**を注ぎ、ふたをして中火で8分間煮る。煮汁を残して白菜とさけを器に盛る。

③ 水溶きかたくり粉の材料を混ぜ合わせて煮汁に少しずつ加えてとろみをつけ、②にかける。七味とうがらしをふって食べる。

1人分170kcal／調理時間15分

具だくさんの
卵焼きは
お弁当にもおすすめ

白菜の卵焼き

材料（2～3人分）
白菜の塩水漬け　250g
ひじき（乾）　5g
卵　4コ
ピザ用チーズ　30g
ねぎ（みじん切り）　大さじ2
［常備品］
黒こしょう（粗びき）、サラダ油

作り方

① ひじきはたっぷりの水で戻し、水けをきる。白菜の塩水漬けは軽く絞って水けをきる。

② 卵はボウルに割りほぐし、チーズと黒こしょう少々を加えて混ぜる。

③ フライパンにサラダ油大さじ1を中火で熱し、①の白菜を4分間炒める。白菜が十分にしんなりしたら、ねぎ、ひじきを加えてさらに炒める。

④ 全体が混ざったら、強火にして②の卵液を流し入れる。大きくゆっくりとかき混ぜ、半熟になったら表面を平らにし、焼き色がつくまで1分間ほどおいて裏返す。中火にし、さらに2分間ほど焼いて中まで火を通す。

1人分200kcal／調理時間15分

レンチンもやし

1 気になればひげ根を取る。

2 耐熱容器に入れ、ラップをしてレンチン。

3 冷めたら汁ごと保存する。

材料：もやし1袋
レンチン：2分間

保存目安：冷蔵庫で５日間

まずは
この一品！

もやしのナムル

レンチンもやし1袋分を合わせ調味料（ごま油大さじ1+にんにくすりおろし小さじ⅓+顆粒《かりゅう》チキンスープの素《もと》小さじ¼+塩・こしょう各少々）であえれば、本格的なナムルに！　コチュジャンで好きな辛さに調整を。

足が早いから新鮮なうちにレンチンで“活〆《いけじめ》”にする

もやしは呼吸をしているので、そのままおいておくと袋の中に水がたまり、傷みやすくなります。買ってきて冷蔵庫に入れる前に袋の口を開けておくだけで、少し痛みにくくなりますが、新鮮なうちにレンチンしておくと、5日間はおいしく食べられます。電子レンジから出したら冷めるまでおいて、余熱で火を通してから冷蔵庫へ。出た汁は捨てずに一緒に保存し、スープなどに加えればよいだしに。もやしは精進《しょうじん》だしとして使われるくらい、うまみが強いのです。ちなみに、今のもやしは根が短くなっているので、気にならなければ取らずにそのままで大丈夫です。

本当にもやしだけ？
と驚くような
うまみの強い味わい

もやしだけの絶品春巻

材料（2～3人分）

レンチンもやし　1袋分
春巻の皮　6枚
細ねぎ（2cm長さに切る）　3本分
ごま油　小さじ2

A

しょうゆ　小さじ2
オイスターソース　小さじ1
にんにく（すりおろす）　小さじ¼
塩　小さじ¼
こしょう　少々

顆粒《かりゅう》チキンスープの素《もと》（中華風）
小さじ½

B

かたくり粉・水　各大さじ1

練りがらし　適量

［常備品］
小麦粉、サラダ油

作り方

① フライパンにごま油を中火で熱し、水けをきったレンチンもやし、細ねぎを炒める。温まったら**A**を加えてさらに炒める。

② 火を強めて水カップ¾と顆粒チキンスープの素を加えて煮立てる。**B**を混ぜてから加え、とろみがついたら、バットにあけて冷ます。

③ 春巻の皮を広げて、②の具を6等分にしてのせて二巻きし、左右を折り込んでもう一度巻く。巻き終わりを小麦粉・水各小さじ2を混ぜ合わせたものでとめる。

④ 小さめの厚手の鍋に深さ3cmまでサラダ油を注いで160℃に熱し、③を入れてカリッとするまで揚げる。器に盛り、好みで練りがらしをつけて食べる。

1人分240kcal／調理時間20分　＊冷ます時間を除く。

もやしの卵焼き

材料（2人分）

レンチンもやし　1袋分
細ねぎ　4本
卵　4コ
顆粒チキンスープの素（中華風）
　小さじ¼
ごま油　大さじ1
食べるラーユ（市販）　適宜
［常備品］
塩、黒こしょう（粗びき）

作り方

① 卵は割りほぐし　塩小さじ¼、黒こしょう少々、顆粒チキンスープの素を加えて混ぜる。細ねぎは1cm長さに切る。

② フライパンにごま油を中火で熱し、レンチンもやしと細ねぎを炒める。もやしが温まったら強火にし①の卵液を流し入れる。

③ 大きくゆっくりかき混ぜ、半熟になったらそのまま2分間ほど中火で焼く。鍋のふたを使って裏返し、さらに2分間焼く。

④ 取り出して食べやすい大きさに切り、好みで食べるラーユを添える。

もやしで
ボリュームアップ、
主役の味わい

1人分240kcal／調理時間15分

炒めひき肉

1. フライパンに入れて、強めの中火にかける。

2. 色が変わってきたら上下を返す。

3. 火が通ったら、へらで大きくほぐす。

材料：豚ひき肉・鶏ひき肉・合いびき肉各100g

保存目安：冷蔵庫で２～３日、冷凍庫で１か月

まずはこの一品!

さやいんげんと鶏ひきのマヨごまあえ

砂糖・しょうゆ・マヨネーズを各小さじ2ずつ混ぜ合わせてたっぷりの白すりごまを加え、ゆでたさやいんげん100gと炒め鶏ひき肉50gをあえる。小鉢がボリュームアップ!

100gほど残ったひき肉は味出し用に炒めておく

解凍品として売られていることが多いひき肉は、傷みやすいうえにそのままだと冷凍できません。ちょっと残ったときは、味をつけずに炒めておきましょう。最初はあまり触らずにじっくりと焼き、焼き色がついたら上下を返します。ある程度火が通るまでくずさないようにすると肉汁がしっかり閉じ込められます。ほぼ火が通ってきたら、へらで大きくくずします。箸でつまめるくらいを目安に。パラパラに炒めてしまうよりも、塊感があったほうが食べごたえもあり、使いやすいです。いつもの副菜に足してボリュームアップ、汁物に加えれば、味出しにもなりますよ。

ボリュームたっぷり！
本格的なビビンパも
手軽につくれます

焼肉そぼろのビビンパ

材料（2人分）

炒め合いびき肉　100g
焼肉のたれ（市販）　大さじ2
もやし　1袋
生しいたけ　2枚
小松菜　2株
◎合わせ調味料
- にんにく（すりおろす）　小さじ¼
- 顆粒《かりゅう》チキンスープの素《もと》（中華風）　2つまみ
- 塩　小さじ¼
- 白ごま　少々
- ごま油　小さじ2

細ねぎ（小口切り）　4本分
コチュジャン・白ごま　各適量
ご飯（温かいもの）　丼軽く2杯分

作り方

① しいたけは石づきを取って薄切りにする。小松菜は根元を切り落とし、ザク切りにする。

② 炒め合いびき肉は小鍋に入れ、焼肉のたれを加えて弱火にかける。混ぜながら水けがなくなるまで煮る。

③ 耐熱容器に①ともやしを混ぜて入れ、ふたかラップをして電子レンジに3〜4分間かける。

④ ボウルに合わせ調味料を混ぜ合わせ、③を加えてよく混ぜる。

⑤ 大きめの器にご飯を盛り、④のナムル、②のひき肉、コチュジャンを彩りよくのせる。細ねぎとごまをふり、よく混ぜてから食べる。

1人分490kcal／調理時間15分

ズッキーニのひき肉チーズ焼き

材料（2人分）

炒め合いびき肉　50g
ズッキーニ　（大）1本
たまねぎ（みじん切り）　¼コ分
にんにく（みじん切り）　小さじ¼
オレガノ（乾）　小さじ⅓
クローブ（粉）　1つまみ
オリーブ油　大さじ1
ピザ用チーズ　50g
［常備品］
塩、黒こしょう（粗びき）

作り方

1. ズッキーニは2～3mm厚さの半月切りにする。
2. フライパンを中火で熱し、オリーブ油を入れてズッキーニ、たまねぎを加える。十分柔らかくなるまで3分間ほど炒める。
3. にんにく、オレガノ、クローブ、炒め合いびき肉を加えて炒め合わせる。水カップ¼を加えて強めの中火でさらに炒める。
4. 全体が柔らかくなり、水分がとんだら塩・黒こしょう各少々で味を調え、チーズをのせる。火を弱めてふたをし、チーズが溶けるまで蒸し焼きにする。器に盛り、黒こしょう少々をふる。

ズッキーニを
しっかり炒めてから
蒸し焼きに

1人分240kcal／調理時間10分

水きりいらずの
厚揚げを使った、
中華風炒め物。

厚揚げマーボー

材料（2人分）

炒め豚ひき肉　50g
厚揚げ　1枚
にんにく（みじん切り）　1かけ分
しょうが（みじん切り）　大さじ2
ねぎ（みじん切り）　½本分
ごま油　大さじ1

A

しょうゆ　大さじ1
豆板醤（トーバンジャン）　小さじ1½*
オイスターソース　小さじ2

B

水　カップ1
かたくり粉　小さじ1½

＊好みで分量は加減する。

作り方

① 厚揚げは1cm厚さの一口大に切る。

② フライパンにごま油を中火で熱し、にんにく、しょうが、ねぎを炒める。香りが出たら炒め豚ひき肉を加えて炒め合わせる。①を加え、混ぜ合わせた**A**で味をつける。

③ **B**を混ぜ合わせ、②に加える。全体を混ぜながら煮立て、とろみがついたらでき上がり。

1人分390kcal／調理時間10分

野菜たっぷりの
汁物に少量加えるだけで、
よい味出しに

ひき肉豚汁

材料（2～3人分）

炒め豚ひき肉　50g
ねぎ　1本
小松菜　2株
生しいたけ　2枚
だし　カップ3
［常備品］
みそ

作り方

① ねぎは斜め1cm厚さに切る。小松菜は根元を切り落としてザク切りにする。しいたけは石づきを取って薄切りにし、軸は縦に薄切りにする。

② 鍋にだしと炒め豚ひき肉、①を入れて中火にかけ、煮立てる。アクが気になるときは除く。

③ 具が柔らかく煮えたらみそ大さじ3を溶き入れ、サッと煮て火を止める。

1人分140kcal／調理時間10分

ひき肉に火が
通っているので、
あっという間！

鶏ひき肉チャーハン

材料（2人分）

炒め鶏ひき肉　50g
しょうが（みじん切り）　大さじ2
ねぎ（みじん切り）　½本分
溶き卵　2コ分
ご飯（温かいもの）　茶碗《わん》2杯分
ごま油　大さじ2
顆粒《かりゅう》チキンスープの素《もと》（中華風）
　小さじ⅕
［常備品］
塩、こしょう、しょうゆ

作り方

① フライパンにごま油を中火で熱し、炒め鶏ひき肉、しょうが、ねぎを炒める。ひき肉がほぐれたら火を強め、ご飯を入れて炒め合わせる。

② フライパンの中身を片側に寄せ、空いたところに溶き卵を流し入れて半熟のいり卵にする。全体を混ぜ、塩小さじ⅓、こしょう少々、顆粒チキンスープの素で味つけする。

③ フライパンの端にしょうゆ小さじ1を入れて焦がし、全体を混ぜる。

1人分500kcal／調理時間10分

弱ったときに
うれしい、
やさしい味わい

鶏あんかけうどん

材料（2人分）

炒め鶏ひき肉　50g
ゆでうどん　2玉
ねぎ（斜め薄切り）　1本分
だし　1ℓ
うすロしょうゆ　大さじ2
◎水溶きかたくり粉
｜かたくり粉・水　各大さじ2
しょうが（すりおろす）　小さじ1

作り方

① 鍋にだし、うすロしょうゆ　炒め鶏ひき肉、ねぎを入れて煮立てる。ねぎが柔らかくなったらうどんを加え、好みの柔らかさに煮る。

② 水溶きかたくり粉の材料を混ぜ合わせ、①に少しずつ加えてとろみをつける。器に盛り、しょうがをのせる。

1人分330kcal／調理時間10分

ゆで薄切り豚

1 500mlの湯を沸かして豚肉を一気に入れる。

2 すぐ弱火にして沸かさないようにゆでる。

3 肉を取り出したらアクを除き、ゆで汁ごと保存。

材料：豚薄切り肉200g

保存目安：冷蔵庫で1週間

まずは
この一品!

豚しゃぶのラーユあえ

ゆで汁をきったゆで薄切り豚150g、細ねぎ3本と食べるラーユ小さじ2をあえるだけ。ピリ辛おつまみは、白いご飯にも合う!

少ない湯で沸騰させないようにやさしくゆでる

グラグラに沸いた湯でゆでると、薄切り肉はパサパサになり、うまみも抜けてしまいます。少ない湯で沸騰させないようにゆでることが鉄則です。湯が沸いたら薄切り肉を一気に入れ、すぐ弱火にします。ここからは沸騰させないように、低めの温度をキープします。豚肉の色が変わったら肉だけ取り出し、火を強めてゆで汁を沸騰させ、集まったアクをきれいに取り除きます。肉とゆで汁を合わせて保存容器に入れ、しっかり冷ましたら冷蔵庫へ。ゆで汁ごと保存するので、しっとり感が保てます。ゆで汁はスープに加えると、よい味が出ます。

キャベツはシャキッと、
豚肉は柔らかな
定番の一品

回鍋肉（ホイコーロー）

材料（2人分）

ゆで薄切り豚　100g
キャベツ　¼コ
ねぎ　½本
にんにく（薄切り）　1かけ分
赤とうがらし（小口切り）　1本分*
ごま油　大さじ2

A
| 赤みそ・みりん　各大さじ3

［常備品］
こしょう、小麦粉

＊好みで分量は加減する。

作り方

① キャベツは3cm四方に切る。ねぎは5mm厚さの斜め切りにする。**A**は混ぜ合わせる。

② ゆで薄切り豚はゆで汁をきり、こしょう少々と小麦粉小さじ2をまぶす。

③ フライパンにごま油をひき、ねぎ、にんにく、赤とうがらしを入れて中火にかける。キャベツを加え、焦がさないように4分間炒める。

④ 野菜に火が通ったら、②を加えて炒める。火を強め、**A**を加えて炒め合わせる。水けがとび、**A**が全体になじんだらでき上がり。

1人分390kcal／調理時間10分

ゆで汁をだしと
合わせ、
うまみをプラス

豆乳うどん

材料（2人分）

ゆで薄切り豚　50g
ゆでうどん　2玉
豆乳（無調整）　カップ1½
A
　だし・ゆで薄切り豚のゆで汁
　　合わせてカップ3½
　しょうが（すりおろす）
　　小さじ2～大さじ1
　うす口しょうゆ　小さじ4
水菜（ザク切り）　適量
すりごま（白）　少々

作り方

① 鍋にゆで薄切り豚と**A**を入れて中火にかけ、煮立ったらゆでうどんを加える。うどんが好みの柔らかさになったら、豆乳を加えてひと煮立ちさせる。

② 器に盛り、水菜をのせてすりごまをふる。

1人分410kcal／調理時間10分

ご飯にのせて
丼仕立てにしても
おいしい

豚肉とスナップえんどうの卵とじ

材料（2人分）

ゆで薄切り豚　50g
スナップえんどう　12コ
たまねぎ　½コ
溶き卵　2コ分
◎煮汁
ゆで薄切り豚のゆで汁　カップ½
だし　カップ½
［常備品］
しょうゆ、砂糖

作り方

① スナップえんどうは筋を取り、斜め半分に切る。たまねぎは5mm厚さに切り、ほぐす。

② 鍋に煮汁の材料と①、ゆで薄切り豚を入れて煮立てる。中火でたまねぎに火が通るまで2～3分間煮る。

③ しょうゆ大さじ1、砂糖小さじ1を加えて味つけし、溶き卵を回し入れる。ふたをして1分30秒間ほど弱火で煮る。

1人分180kcal／調理時間10分

たっぷりの野菜と
合わせた、
メインになるサラダ

豚しゃぶサラダ

材料（2人分）

ゆで薄切り豚　80g
サニーレタス　3枚
トマト（小）　1コ
わかめ（乾）　5g
◎ドレッシング
　ポン酢しょうゆ　大さじ3
　すりごま（白）　大さじ2
　マヨネーズ　大さじ1
　ごま油　大さじ1
　ラーユ（好みで）　少々

作り方

① わかめはたっぷりの水に5分間浸して戻し、水けをきる。

② トマトはヘタを取り、2cm角に切る。サニーレタスは食べやすい大きさにちぎる。ゆで薄切り豚はゆで汁をきり、食べやすくちぎる。

③ 器に①、②を混ぜて盛る。ドレッシングの材料を混ぜ合わせ、食べる直前にかける。

1人分260kcal／調理時間10分

ゆで鶏もも肉

1 鶏もも肉にヒタヒタの水を注ぎ、煮立ててアクを取る。

2 弱火にしてコトコトと7分間ゆでる。

3 そのまま冷まし、ゆで汁ごと保存する。

材料：鶏もも肉300g

保存目安：冷蔵庫で１週間

まずは
この一品!

ゆで鶏刺身風 4種だれ

ゆで鶏もも肉を薄切りにしてしょうがを散らし、好きなたれをつけて食べる。酢みそ(酢2：みそ2：砂糖1)、コチュだれ（コチュジャン2：しょうゆ1：ごま油1)、みそごまマヨ（みそ1：すりごま1：マヨネーズ1)、わさびじょうゆ（しょうゆ3：わさび1）など、お好きなものを。

弱火でやさしくゆでる。ゆで汁はおいしいだし、スープや煮物に使って。

鶏もも肉を切らずに1枚、ぴったり入る鍋に入れて強火にかけ、アクが中央に集まってきたらきれいにすくいます。コトコトと煮立つくらいの火加減にして7分間ゆでたら火を止め、そのまま冷まして余熱で完全に火を入れます。弱火でゆでるのでパサつかず、ゆで汁につけて保存することで、よりしっとり感が保てます。薄く切って好みのたれをつければ、鶏刺風の一品に。ゆで汁は鶏のうまみたっぷり、煮物やスープのだし代わりに、最後の一滴まで使えます。

メインディッシュになる鶏もも肉は、ゆでておくと次の料理への展開がグンと時短になります。

甘みそを塗って
グリルにおまかせ！
香ばしさが◎

ゆで鶏のみそ焼き

材料（2人分）

ゆで鶏もも肉　1枚（300g）
◎甘みそ
　みそ　大さじ1½
　すりごま（白）・みりん　各大さじ1
　砂糖　小さじ2
粉ざんしょう・細ねぎ（小口切り）
　各適宜

作り方

① ゆで鶏もも肉は一口大に切る。
② 甘みそを混ぜ合わせ、①に塗る。
③ 魚焼きグリルまたはオーブントースターで焼き色がつくまで焼く。器に盛り、好みで粉ざんしょうと細ねぎをふる。

マスタードの
酸味が鶏肉と
好相性！

鶏ともやしのマスタードサラダ

材料（2人分）

ゆで鶏もも肉　1枚（300g）
レンチンもやし（P.80参照）　1袋分

A
マスタード・マヨネーズ
　各大さじ1

B
酢　大さじ1
砂糖　小さじ1
塩　小さじ¼

パクチー　適量
［常備品］
黒こしょう（粗びき）

作り方

① ゆで鶏もも肉は1cm厚さに切り、食べやすい大きさにほぐす。**A**を混ぜ合わせ、鶏肉をあえる。

② **B**を混ぜ合わせ、レンチンもやしをあえる。

③ ①と②を器に盛り合わせ、黒こしょう適量をふる。食べやすくちぎったパクチーを添える。

1人分330kcal／調理時間10分

鶏のゆで汁を
だし代わりにして
一気に煮るだけ!

鶏肉と根菜の煮物

材料（2～3人分）

ゆで鶏もも肉　1枚（300g）
にんじん　1本
生しいたけ　4枚
里芋　（小）8コ

A

ゆで鶏もも肉のゆで汁　カップ1
しょうゆ　大さじ2
砂糖　大さじ1

作り方

① にんじんは乱切りにし、しいたけは石づきを取って四つ割りにする。里芋は、大きいものは一口大に切る。ゆで鶏もも肉は一口大に切る。

② ①をすべて鍋に入れ、**A**を加えて水をヒタヒタになるまで注ぐ。強火で煮立ててアクを取り、落としぶたをして煮汁が鍋底から2cmほどになるまで煮る。

1人分250kcal／調理時間20分

ゆで汁をベースにして
鶏を存分に味わう。
具とご飯の量は1：1で

親子丼

材料（2人分）

ゆで鶏もも肉　1枚（300g）
たまねぎ　1コ
卵　4コ
◎煮汁
ゆで鶏もも肉のゆで汁　カップ1
しょうゆ　大さじ3
砂糖　大さじ1
みつば　適量
ご飯　丼2杯分

作り方

① ゆで鶏もも肉は一口大に、たまねぎは5mm厚さに切る。みつばはザク切りにする。卵は卵黄2コを取り分け、残りは溶きほぐす。

② 小鍋にゆで鶏もも肉、たまねぎ、煮汁の材料を入れて中火にかけ、5分間ほど煮る。

③ たまねぎに火が通ったら溶き卵を流し入れ、みつばを散らしてふたをし、好みの堅さになるまで煮る。

④ 器にご飯を盛り、③の具と汁をかける。真ん中に卵黄をのせる。

1人分810kcal／調理時間10分

レンチン鶏むね肉

1. 耐熱容器に入れてふたをし、空気弁を開ける。
2. 100gあたり50秒間レンチン。
3. ふたを開けず、完全に冷めるまで待つ。

材料：鶏むね肉300g
レンチン：2分30秒間

保存目安：冷蔵庫で4～5日間

まずは
この一品！

鶏むね肉の酢の物

塩きゅうり（P.46参照）½本分と戻したわかめ（乾燥で2g）、レンチン鶏むね肉80gを合わせ酢（しょうがせん切り6g+酢大さじ4+砂糖小さじ4+塩小さじ¼）であえれば、ボリューム副菜に！

しっとりと仕上げるには レンチンはギリギリの時間で 余熱で火を通すこと

パサッとした食感が苦手という人が多い鶏むね肉ですが、加熱しすぎが原因。レンチン仕上げならば、驚くほどしっとり。パックに重量表示があるので100gあたり50秒、きっちりかけます。チルド室など、冷蔵庫の温度の低いところで保存しておいた場合は、少し長めにかけてください。耐熱容器の空気弁を開けてレンチンし、底から見てまだうっすらとピンク色が残っているくらいで取り出します。このあと、完全に冷めるまではふたを開けないこと！　余熱で火が通ったら薄切りにし、手で大きくほぐします。少し汁が出るので、それも一緒に保存します。

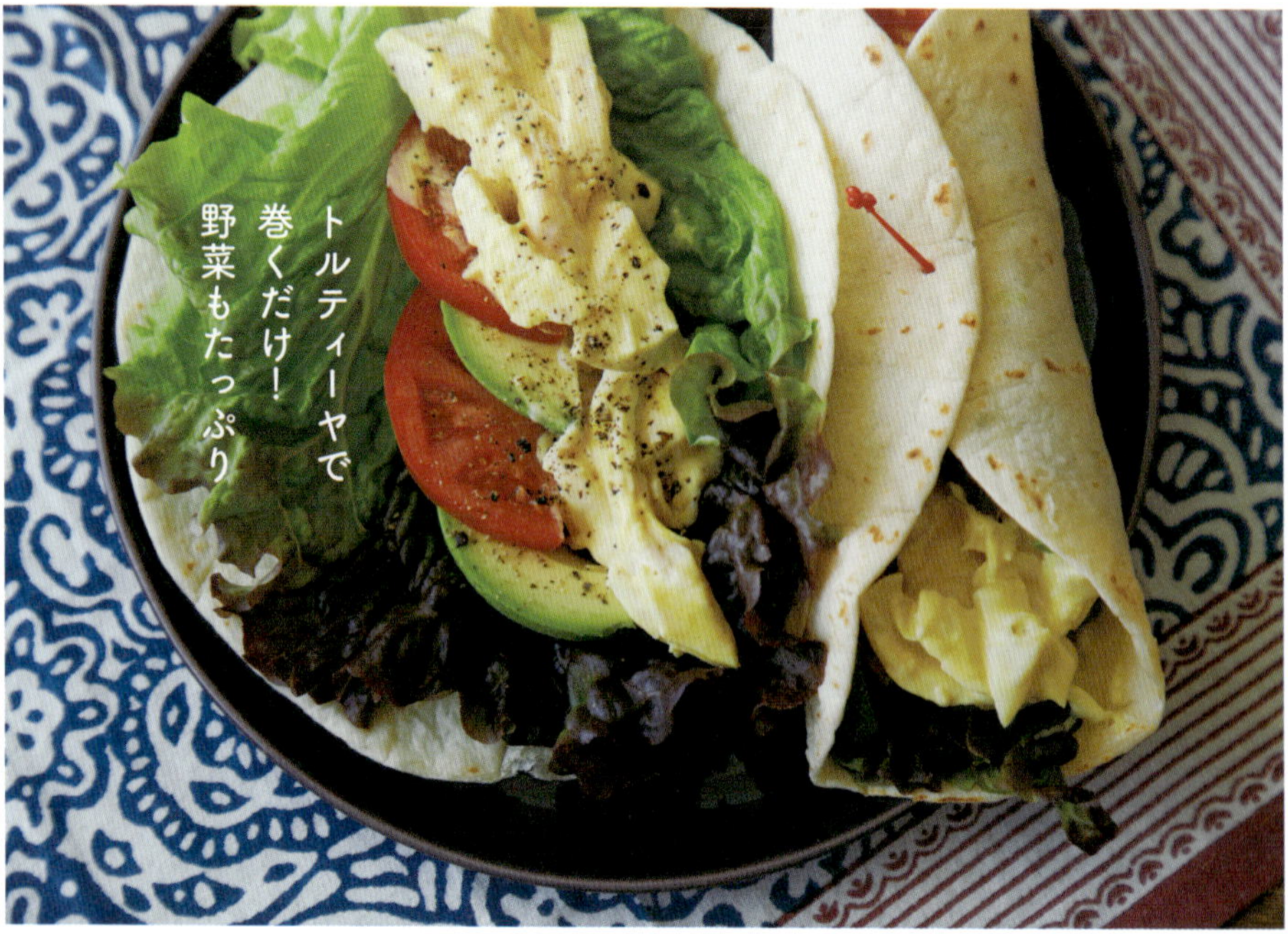

トルティーヤで
巻くだけ！
野菜もたっぷり

鶏むね肉のラップサンド

材料（2人分）

レンチン鶏むね肉　80g
トルティーヤ（市販）　2枚
サニーレタス　1枚
アボカド　½コ
トマト　¼コ
マヨネーズ・フレンチマスタード
　各適量
［常備品］
塩、黒こしょう（粗びき）

作り方

① トルティーヤはフライパンに油をひかずに、中火で両面をサッと焼き色がつくくらいに焼く。

② サニーレタスは2つにちぎる。アボカド、トマトは薄切りにする。

③ ①に②の具をのせ、レンチン鶏むね肉をのせて、マヨネーズとマスタードを絞る。全体に塩・黒こしょう各適量をふる。トルティーヤをしっかり巻き、食べる。

1人分260kcal／調理時間10分

前日に仕込んで
翌日うれしい、
鶏風味のおかゆ

中華風鶏がゆ

材料（2人分）

レンチン鶏むね肉　80g
ご飯　200g
顆粒《かりゅう》チキンスープの素《もと》（中華風）
　小さじ1
溶き卵　1コ分
細ねぎ（小口切り）　3本分
ごま油　適量
［常備品］
塩、黒こしょう（粗びき）、しょうゆ

作り方

① 鍋に熱湯カップ4とご飯、顆粒チキンスープの素、塩小さじ1を入れて煮立てる。ふたをして火を止め、そのままおいて冷ます（一晩おくとよい）。

② 完全に冷めてご飯が十分に水分を吸ったら、中火にかけて温める。沸騰したら溶き卵を流し入れ、火を通す。

③ 塩適量で味を調え、レンチン鶏むね肉を加える。

④ 器に盛り、細ねぎを散らし、黒こしょう適量、ごま油をふる。好みでしょうゆ適宜をかけて食べる。

1人分290kcal／調理時間10分　＊冷ます時間を除く。

手開きいわし

1 いわしの頭と内臓を除いて洗う。

2 手開きにして、背骨を尾の付け根で切り離す。

3 酒を塗り、冷蔵庫で保存する。

材料：いわし4匹、酒適量

保存目安：冷蔵庫で3～4日間

まずは
この一品！

いわしの酢洗い

手開きいわしの皮を頭のほうからむき、尾を切り落とす。酢適量でサッと洗い、食べやすく切る。わさびやおろししょうがを添え、しょうゆをつけて食べる。日本酒のつまみにぴったり！

手開きをマスターして もっと手軽に いわしを食べる

いわしの手開きは、簡単。頭を切り、腹を頭側から肛門まで斜めに切り落とします。内臓を除き、腹の中を冷水で洗ったら、頭側を右側にして持ち、中央に右手の親指をグッと差し込み、背骨から親指の腹を離さないようにして頭のほうまで開きます。同じように左手の親指を差し込み、尾まで開きます。片面が終わったら、裏返して繰り返します。あとは背骨を尾の付け根でキッチンばさみで切り離し、酒を塗りましょう。身がくずれてしまっても、たたいてなめろうやさんが焼きにすればいいので、気軽にチャレンジ。5匹も手開きにすれば、上手になります。

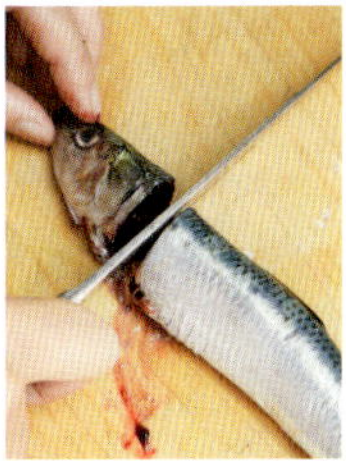
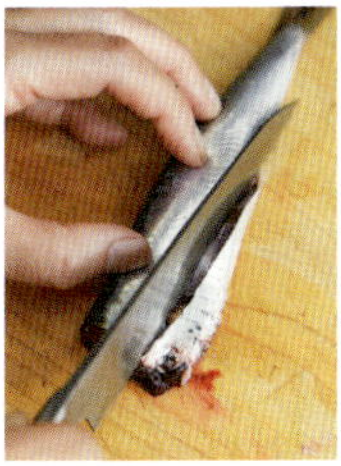

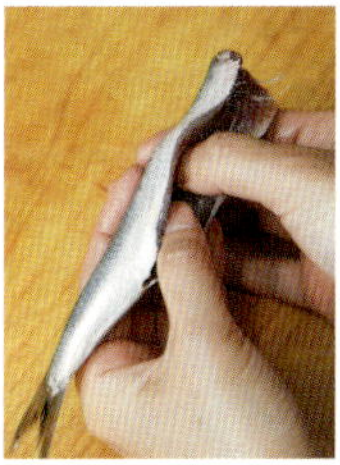

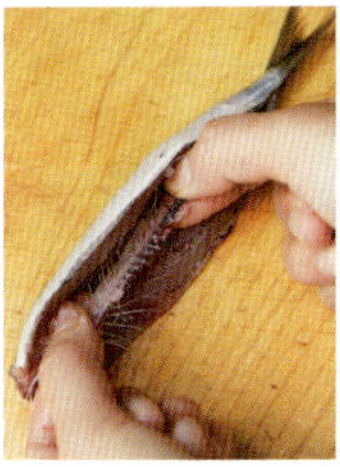

手開きがくずれても
細かく刻むから
大丈夫！

いわしのさんが焼き

材料（2人分）

手開きいわし　4匹

A

- しょうが（みじん切り）　小さじ2
- ねぎ（みじん切り）　10cm分
- みそ　小さじ2

青じそ　10枚

［常備品］

小麦粉、サラダ油

作り方

① 手開きいわしは皮をむいて尾を除き、細かく刻む。

② ①に**A**を加え、さらに包丁でたたく。全体がミンチ状になったら小麦粉小さじ2を加えて練り、10等分にする。

③ ②を青じそにのせ、半分に折る。

④ フライパンにサラダ油少々を中火で熱し、③を並べ入れる。弱めの中火にして全体にやや焼き色がついたらふたをし、弱火にして1分間焼く。

1人分210kcal／調理時間10分

青魚のくせを
にんにくの香りで
おいしく

いわしのガーリックオイル焼き

材料（2人分）

手開きいわし　4匹
にんにく（薄切り）　2かけ分
オリーブ油　大さじ1½
トマト（小）　1コ
バジル　適宜
［常備品］
黒こしょう（粗びき）、しょうゆ

作り方

① 手開きいわしは黒こしょう少々をふる。トマトは2cm角に切る。

② フライパンににんにくとオリーブ油を入れて弱火にかけ、にんにくがきつね色になったら取り出す。

③ ②のフライパンにいわしの皮を上にして並べ、中火で両面焼く。焼き色がついたら取り出し、器に盛る。空いたフライパンにトマトを加え、強火にしてサッと炒め、しょうゆ大さじ1を加える。

④ 器に盛ったいわしに、③のトマトと②のにんにくを散らし、好みでちぎったバジルを散らす。

1人分290kcal／調理時間10分

マヨたらこ

①
たらこの薄皮から中身をかき出す。

②
マヨネーズと合わせて混ぜる。

材料：たらこ1腹分、マヨネーズ大さじ5

保存目安：冷蔵庫で10日間

まずは
この一品!

たらこトースト

マヨたらこを食パンに塗り、薄切りたまねぎをたっぷりのせてトースト。パセリのみじん切りと黒こしょうをふれば、懐かしい喫茶店の味に!

マヨネーズと合わせるだけ、油の力で生たらこを保存

一度に食べきれなかった生たらこ、冷凍したらそのまま忘れてしまった、という人は多いのではないでしょうか。マヨネーズと合わせるだけで、おいしいたらこソースができます。薄皮に切り目を入れて包丁の背で中身をこそげ出し、プチプチしたところをマヨネーズと混ぜ合わせるだけ。そのままパンに塗ってもよし、肉や野菜をあえてもよし、調味料代わりに炒め物に使ってもよし。特に豆腐や鶏むね肉など、淡泊な食材と合わせると、まろやかなコクと食べごたえが出ます。マヨネーズの主成分は油なので、生でそのままおいておくよりも、長もちします。

⇦

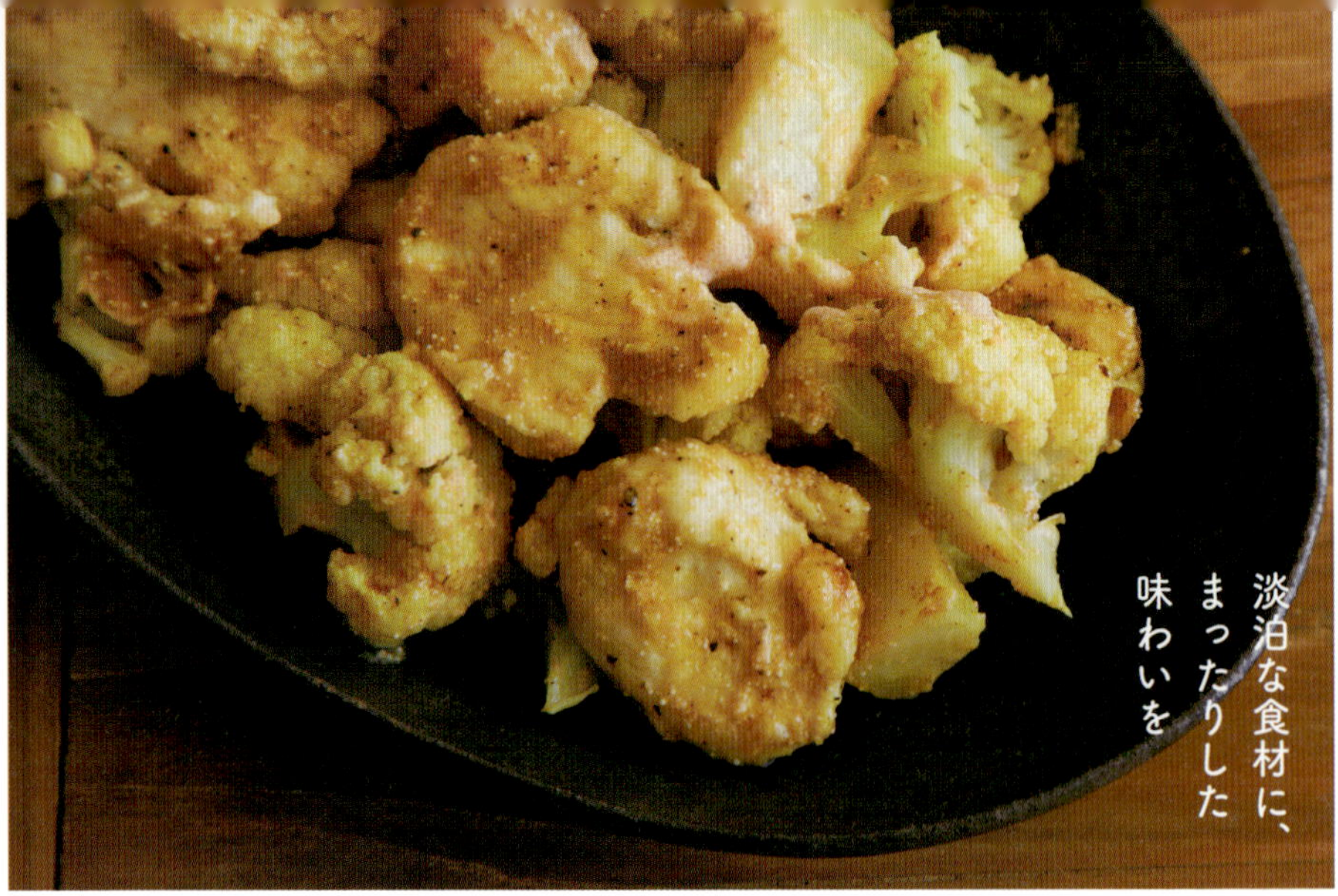
淡泊な食材に、
まったりした
味わいを

カリフラワーと
鶏むね肉のマヨたらこ炒め

材料（2～3人分）

マヨたらこ　大さじ2

カリフラワー ½コ

鶏むね肉（小）1枚（200g）

A

- にんにく（薄切り）　1かけ分
- オリーブ油（またはバター）　大さじ2

白ワイン　大さじ2

カレー粉　小さじ1

［常備品］

塩、黒こしょう（粗びき）、小麦粉、

作り方

① カリフラワーは小房に分け、塩適量を加えた熱湯でゆでる。好みの柔らかさになったらざるに上げる。

② 鶏肉は繊維を断つように、5mm厚さに切る。塩・黒こしょう各少々と小麦粉適量をまぶす。

③ フライパンに**A**を入れて中火にかけ、にんにくが少し色づいたら取り出す。②を皮を下にして入れて火を強め、両面に焼き色をつける。

④ にんにくを戻し入れ、①を加えて白ワインを注ぐ。煮立ったらカレー粉をふり、ざっと混ぜる。マヨたらこ、塩小さじ⅓、黒こしょう適量を加えて味を調える。

1人分240kcal／調理時間20分

豆腐ステーキ マヨたらこソースがけ

材料（2人分）
マヨたらこ　大さじ3
木綿豆腐　1丁（400g）
えのきたけ　1パック
バター　大さじ2
細ねぎ（3cm長さに切る）　3本分
［常備品］
黒こしょう（粗びき）、小麦粉、塩

作り方

①　豆腐は長さと厚みを半分に切り、ペーパータオルの上に20分間おいて水きりする。

②　えのきたけは石づきを切り落とし、長さを半分に切ってほぐす。

③　①の豆腐に黒こしょう・小麦粉各適量をまぶす。

④　フライパンにバター大さじ1を中火で熱し、③を全体にこんがり焼き色がつくように焼いて器に盛る。

⑤　フライパンをサッと拭き、バター大さじ1を溶かし②を炒める。しんなりとしたら塩小さじ¼、黒こしょう適量、マヨたらこを加えて混ぜる。細ねぎを加え、④の豆腐にかける。

ヘルシーな
食材にマヨたらこで
ボリューム感

1人分370kcal／調理時間20分　＊豆腐の水きりをする時間は除く。

牛乳カッテージチーズ

1. 牛乳をフツフツとするまで温める。
2. 火を止めてレモン汁を加えて混ぜる。
3. 粗熱が取れて分離してきたらこす。

材料：牛乳1ℓ、レモン汁大さじ2〜3

保存目安：冷蔵庫で10日、冷凍で2か月

まずは
この一品!

チーズハニートースト

トーストしたパンに牛乳カッテージチーズとはちみつをたっぷりのせ、黒こしょうをガリガリ。甘くてミルキーなごほうびトーストに。ブルーチーズを少し足すと、大人の味。

レモン汁と合わせて熱するだけでミルキーなチーズに

余った牛乳を温めてレモン汁を入れ、膜が張っても気にせずに静かにかき混ぜ続けると、そのうちモロモロの塊ができます。粗熱が取れて分離したら、厚手のペーパータオルでこし、自家製カッテージチーズの完成。水分たっぷり、ミルキーでやさしい味わいのチーズです。ホワイトソース代わりに使えば、ヘルシーで食感も軽め。1ℓの牛乳からたくさんできるので、小分けして冷凍しておき、使うときは自然解凍で。ちなみに、こしたあとに残る液体は乳清(ホエー)。肉を漬け込んだり、ドリンクにしたりと、こちらも捨てずに使えます。

マカロニツナサラダ

材料（2人分）

牛乳カッテージチーズ　80g
マカロニ　50g*
ツナ（缶詰／油漬け）（小）1缶（80g）
黒オリーブ（種なし）　8粒
たまねぎ（みじん切り）　¼コ分
マヨネーズ　大さじ2
パセリ（みじん切り）　適宜
［常備品］
塩、黒こしょう（粗びき）
＊写真はフジッリを使用。

作り方

① 鍋に湯を沸かして塩少々を入れ、マカロニを袋の表示時間の2倍の時間ゆでる。ゆで汁をきり、冷水で洗って水けをきる。

② ボウルにたまねぎ、マヨネーズ、塩小さじ¼、黒こしょう少々を入れ、5分間おく（P.18のたまねぎマヨネーズ大さじ4に塩・黒こしょうを加えてもよい）。

③ ツナは缶汁を切り、ほぐす。黒オリーブは輪切りにする。②のボウルに加え、①と牛乳カッテージチーズ、あればパセリのみじん切りも入れて混ぜる。

手軽につくれる
デリ風サラダは、
おもてなしにも

カッテージチーズで、
軽くて食べやすい
グラタン

シェパーズパイ

材料（2人分）

牛乳カッテージチーズ　カップ1
じゃがいも　2コ（300g）
A
- 牛乳　約大さじ3
- バター　小さじ2

合いびき肉　100g
ミートソース（市販）　カップ1
赤ワイン　カップ¼
ピザ用チーズ　60g
［常備品］
サラダ油、小麦粉

作り方

① じゃがいもは洗い、ぬれたままラップに包んで電子レンジに5分間かける。熱いうちに皮をむいてつぶし、**A**を加えて混ぜる。牛乳の量を加減し、柔らかめに仕上げる。

② フライパンにサラダ油小さじ1を中火で熱し、ひき肉を炒める。火が通ったら小麦粉大さじ1を加えて炒め、粉っぽさがなくなったら赤ワインを加え煮立てる。ミートソースを加え、とろみがつくまで煮詰める。

③ 耐熱皿に①、②、牛乳カッテージチーズ、ピザ用チーズを重ね入れ、オーブントースターで焼き色がつくまで15分間ほど焼く。

1人分640kcal／調理時間30分

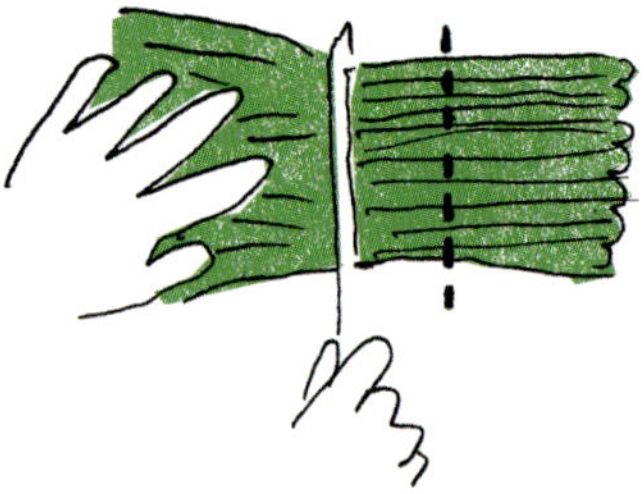

ザク切り

3～4cm 長さにザックリと切る。青菜やキャベツなどに。

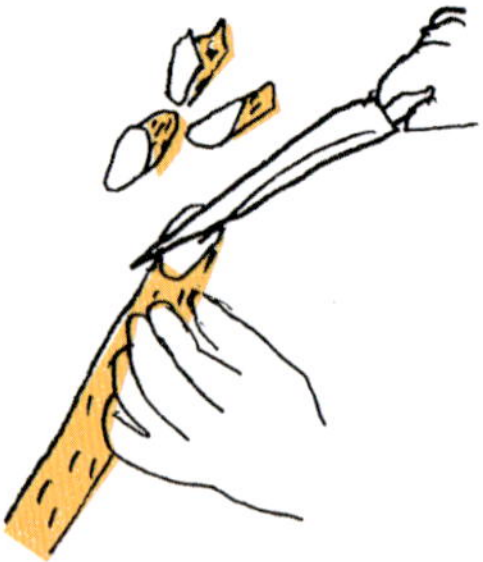

乱切り

大きさをそろえて切る。常に切り口の幅が1：2になるように包丁を入れていく。

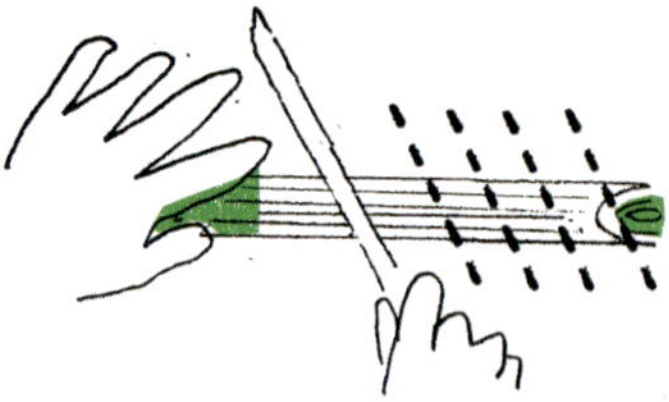

斜め切り

包丁を斜めに入れ、一定の幅で切っていく。味がなじみやすい。

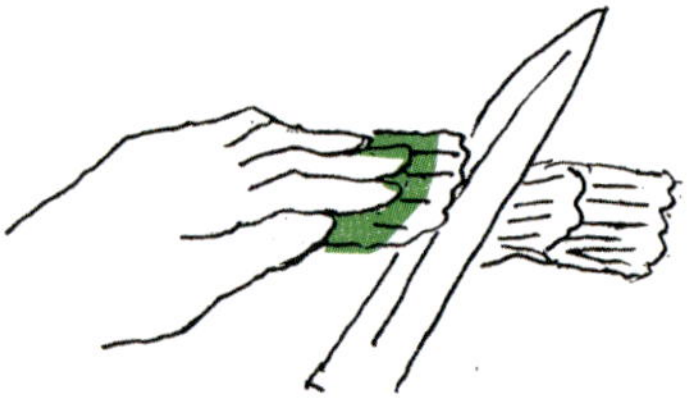

そぎ切り

包丁をねかせて、切り口の表面積が大きくなるよう、材料をそぐように包丁を引く。

小口切り

細長い食材を端から5mm 厚さ程度に刻んでいく。

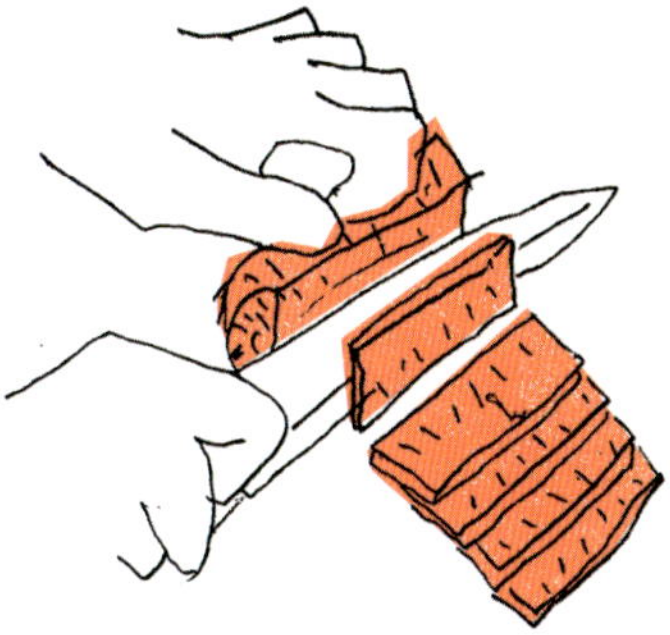

薄切り

端から2mm厚さ程度を目安に切っていく。

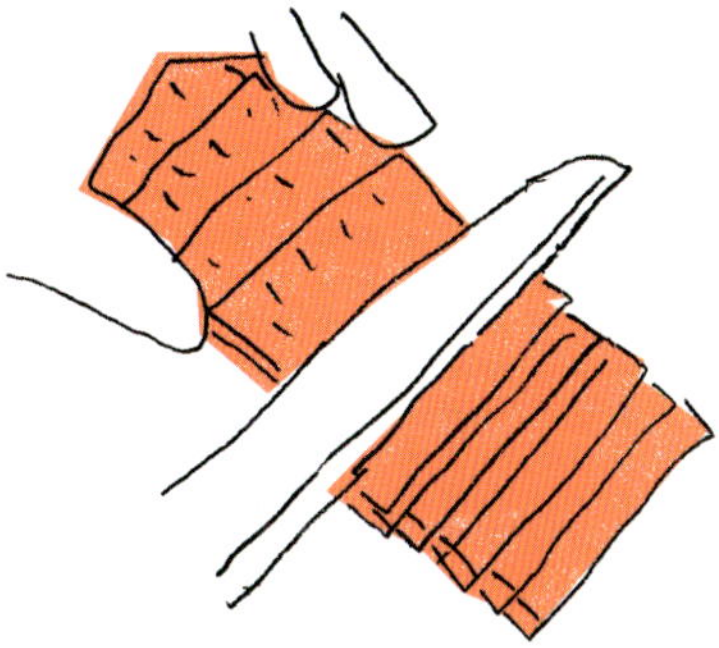

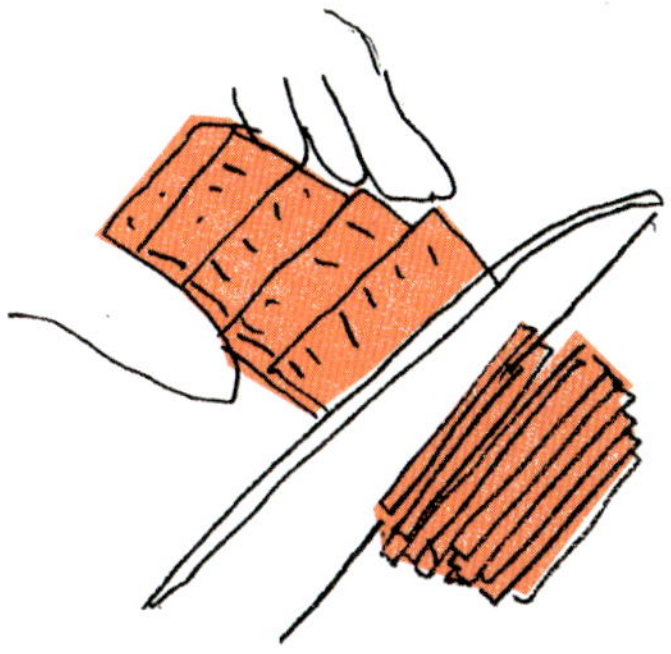

短冊形に切る

薄切りにしたものを、長さ3～4cm、幅1.5cm程度を目安に切る。七夕の短冊をイメージして、長方形に切る。

せん切り

薄切りにしたものを、なるべく細い幅で切っていく。薄切りをずらして重ね、端から切っていくとよい。

みじん切り

せん切りにしたものを横向きに置き、さらに1～2mm幅で刻む。

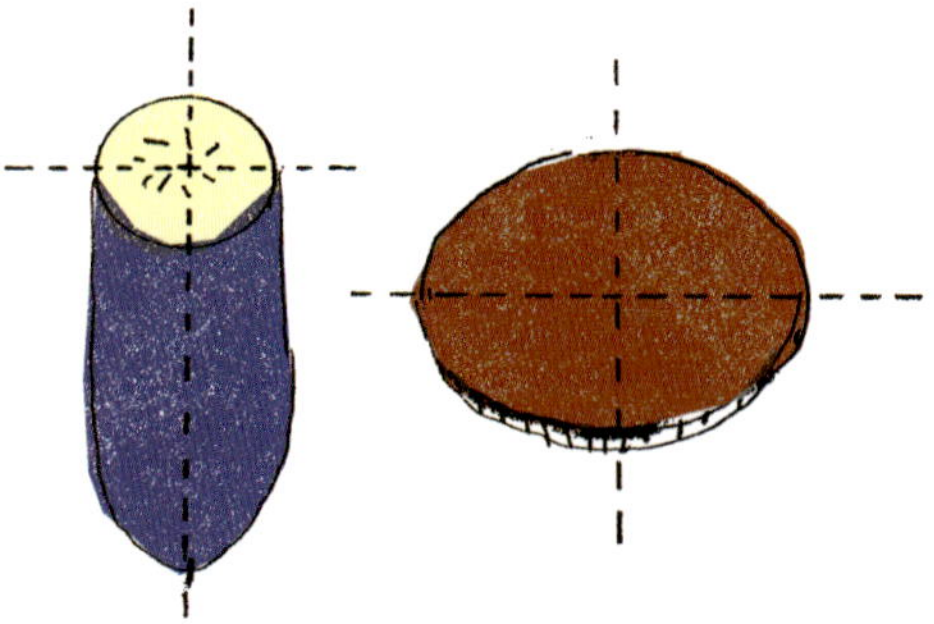

四つ割り

丸いものや筒状のものを縦に四等分に切る。

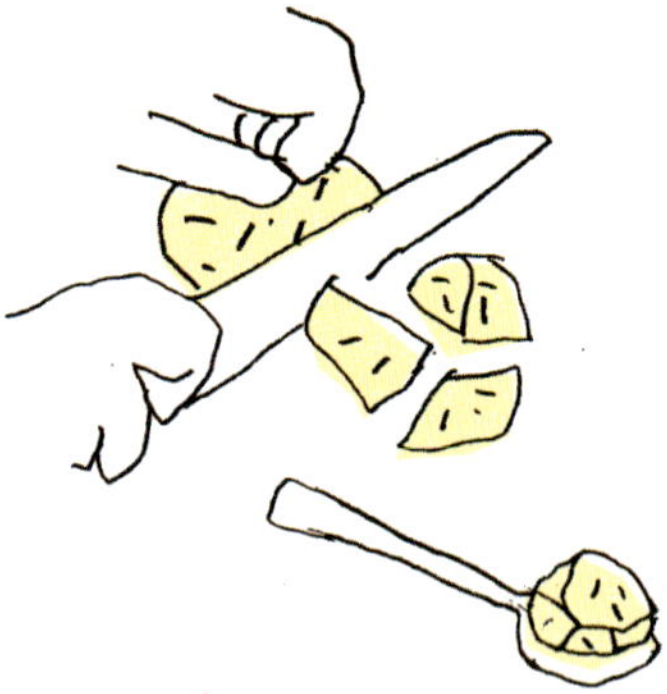

一口大

「一口でも口に入るけれど、二口でちょうどよく食べられるサイズ」を目安に。

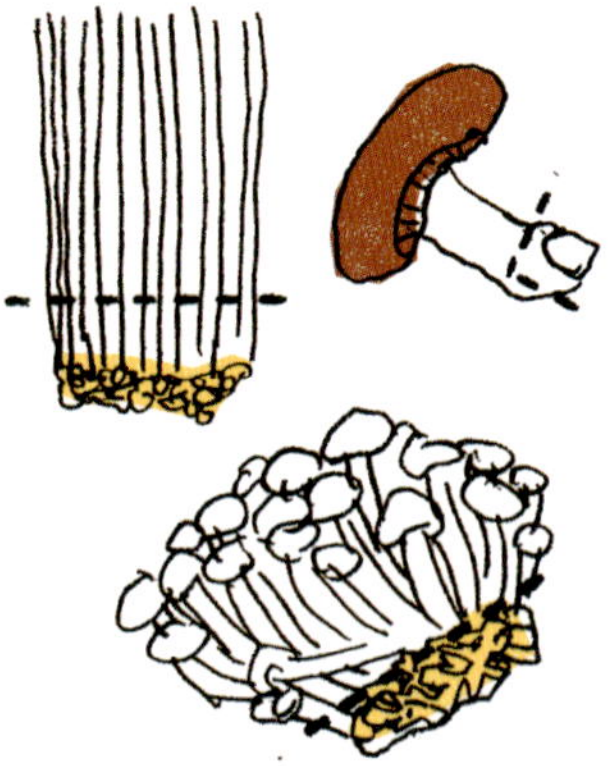

石づきを取る

きのこ類の軸の先についている硬い部分を切り落とす。

根元に切り目を入れる

ほうれんそうの根元を四つ割りにするように、十字に包丁を入れる。これで泥も落ちやすくなる。

小房に分ける

ブロッコリーやカリフラワーは、太い軸から切り離し、食べやすい大きさにする。まだ大きければ軸に包丁を入れ、手で割り、さらに小さくする。

材料の重量目安

にんじん	1本 150g	かぼちゃ	¼コ 500g
たまねぎ	1コ 200g	きのこ類	1パック 100g
キャベツ	1コ 1200～1600g	ほうれんそう	1ワ 200g
にら	1ワ 100g	大根	10cm 300g
セロリ	1本 150g	白菜	¼コ 400～500g
ピーマン	1コ 35g	もやし	1袋 250g
ゴーヤー	1本 250g	鶏もも肉	1枚 300g
トマト	1コ 150～200g	鶏むね肉	1枚 250～300g
きゅうり	1本 100g	いわし	1匹 100g
パクチー	1ワ 30g	たらこ	1腹（2本）80g
なす	1コ 75～80g		

この本で使った道具

調理や保存には清潔な道具を使いましょう。

レンチンするときは……

電子レンジにかけられる、耐熱ボウルを使用。専用のふたがあると便利ですが、ない場合はラップをふんわりとかけます。または耐熱の保存容器に直接入れてレンチンしても。空気弁があるタイプがおすすめです。

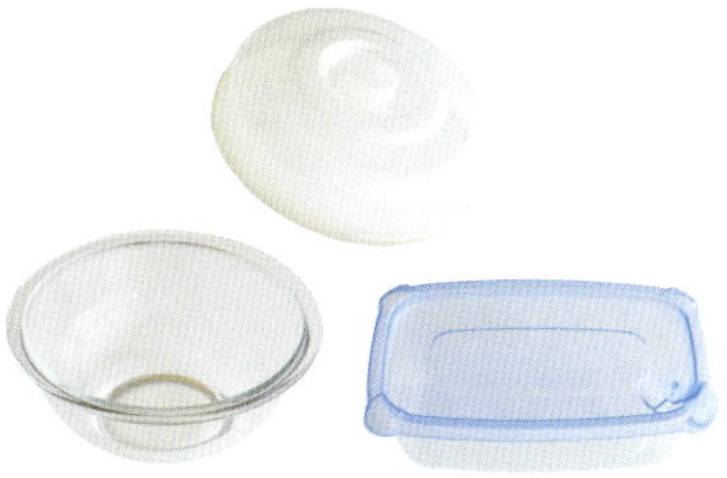

保存容器について

耐熱の保存容器ならば、レンチン時に熱が入り、滅菌できます。また、野菜をゆでたついでにゆで汁をざっとかけると煮沸消毒の手間いらず。何を保存したか忘れやすい人は、透明の容器がおすすめです。

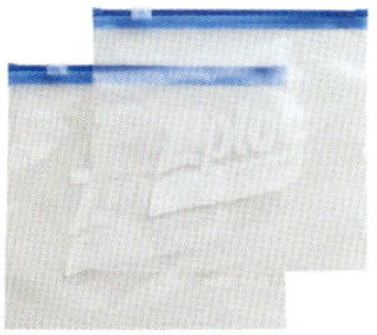

冷凍する場合

冷凍用のジッパー付き保存袋に入れ、平らにして空気を抜き、冷凍庫へ。必要な量だけつかみ取れるようにするのが、使いやすくなるポイント。

索引

◎下ごしらえ

［野菜・きのこ類・下ごしらえ］
カットピーマン 34
塩きゅうり 46
塩ふり大根 72
たまねぎマヨネーズ 18
トマトのサルサ 42
にらしょうゆ 26
白菜の塩水漬け 76
パクチーしょうゆ漬け 50
ゆでゴーヤー 38
冷凍きのこミックス 62
冷凍セロリ 30
冷凍ゆでほうれんそう 66
レンチンかぼちゃ 56
レンチンキャベツ 22
レンチンなすマリネ 54
レンチンにんじん 14
レンチンもやし 80

［肉類・下ごしらえ］
炒めひき肉 84
ゆで薄切り豚 92
ゆで鶏もも肉 98
レンチン鶏むね肉 104

［魚介類・乳製品・下ごしらえ］
牛乳カッテージチーズ 116
手開きいわし 108
マヨたらこ 112

◎肉類

［鶏肉］
親子丼 103
かぼちゃと鶏肉のみそ汁 61
カリフラワーと鶏むね肉のマヨたらこ炒め 114
かんたんカオマンガイ 52
きのこと鶏肉の炊き込みご飯 65
きゅうりと鶏むね肉の中華風炒め 49
さやいんげんと鶏ひきのマヨごまあえ 85
チキン南蛮 20
中華風鶏がゆ 107
鶏とパクチーのスープ 53
鶏ともやしのマスタードサラダ 101
鶏肉とごまあえに（レンチンキャベツ） 23
鶏肉と根菜の煮物 102
鶏むね肉のラップサンド 106
鶏むね肉の酢の物 105
蒸し鶏のにらドレッシング 29
ゆで鶏刺身風 4種だれ 99
ゆで鶏のみそ焼き 100

［豚肉］
キャベツたっぷりお好み焼き 24
チンジャオロースー 37
豆乳うどん 95
にらしょうゆ焼きそば 28
豚しゃぶサラダ 97
豚しゃぶのラー油あえ 93
豚肉とスナップえんどうの卵とじ 96
回鍋肉（ホイコーロー） 94

［ひき肉］
厚揚げマーボー 88
さやいんげんと鶏ひきのマヨごまあえ 85
シェパーズパイ 119
ズッキーニのひき肉チーズ焼き 87
スパイシーミートローフ 45
セロリカレー 32
大根ギョーザ 74
大根と鶏だんごのスープ 75

鶏あんかけうどん　91
鶏ひき肉チャーハン　90
ひき肉豚汁　89
焼肉そぼろのビビンパ　86

［肉加工品］

かぼちゃとカッテージチーズのサラダ　58
かぼちゃのトマト煮　59
きのこグラタン　64
ゴーヤーチャンプルー　40
生ハム巻いただけ（レンチンにんじん）　15
白菜とカリカリベーコンのサラダ　77
ピーマンとソーセージの
ケチャップしょうゆ炒め　36
ほうれんそうの皮なしキッシュ　68

◎魚介類・魚介加工品

いわしのガーリックオイル焼き　111
いわしのさんが焼き　110
いわしの酢洗い　109
カリフラワーと鶏むね肉のマヨたらこ炒め　114
キャベツたっぷりお好み焼き　24
きゅうりの梅みそあえ　48
ゴーヤーと桜えび、ひじきのかき揚げ　41
刺身とあえるだけ（にらしょうゆ）　27
大根とちくわの赤じそあえ　73
たらこトースト　113
豆腐ステーキ マヨたらこソースがけ　115
白菜とさけのあんかけ煮　78
マカロニツナサラダ　118

◎卵

親子丼　103
ゴーヤーチャンプルー　40
中華風鶏がゆ　107
鶏ひき肉チャーハン　90
白菜の卵焼き　79
豚肉とスナップえんどうの卵とじ　96
ほうれんそうとチーズのオムレツ　71
ほうれんそうとにんにくのチャーハン　69
ほうれんそうの皮なしキッシュ　68
もやしの卵焼き　83

◎乳製品

かぼちゃとカッテージチーズのサラダ　58
きのこグラタン　64
シェパーズパイ　119
ズッキーニのひき肉チーズ焼き　87
チーズハニートースト　117
白菜の卵焼き　79
ほうれんそうとチーズのオムレツ　71
マカロニツナサラダ　118

◎大豆・大豆製品

厚揚げのっけ（パクチーしょうゆ漬け）　51
厚揚げマーボー　88
ゴーヤーチャンプルー　40
セロリと豆のスープ　33
たまマヨ納豆丼　21
豆乳うどん　95
豆腐ステーキ マヨたらこソースがけ　115
ほうれんそうの油揚げ巻き煮　70

◎野菜・芋類・きのこ類

［かぼちゃ］

かぼちゃとカッテージチーズのサラダ　58
かぼちゃと鶏肉のみそ汁　61
かぼちゃのガーリックソテー　60
かぼちゃのトマト煮　59
レンジで甘辛煮（かぼちゃ）　57

［カリフラワー］

カリフラワーと鶏むね肉のマヨたらこ炒め　114

〔きのこ〕
かぼちゃと鶏肉のみそ汁　61
きのこグラタン　64
きのこと鶏肉の炊き込みご飯　65
きのこの酢の物　63
豆腐ステーキ マヨたらこソースがけ　115
鶏肉と根菜の煮物　102
ひき肉豚汁　89
焼肉そぼろのビビンパ　86

〔キャベツ〕
キャベツたっぷりお好み焼き　24
キャベツとコーンのスープ　25
鶏肉とごまあえに（レンチンキャベツ）　23
回鍋肉（ホイコーロー）　94

〔きゅうり〕
きゅうりと鶏むね肉の中華風炒め　49
きゅうりの梅みそあえ　48
鶏むねの酢の物　105
パンにはさんで（塩きゅうり）　47

〔ゴーヤー〕
ゴーヤーチャンプルー　40
ゴーヤーとコーンの甘酢あえ　39
ゴーヤーとコーンのたまねぎマヨネーズあえ　39
ゴーヤーと桜えび、ひじきのかき揚げ　41

〔小松菜・ほうれんそう〕
ひき肉豚汁　89
ほうれんそうとチーズのオムレツ　71
ほうれんそうとにんにくのチャーハン　69
ほうれんそうの油揚げ巻き煮　70
ほうれんそうの皮なしキッシュ　68
ほうれんそうのナムル　67

〔コーン〕
キャベツとコーンのスープ　25
ゴーヤーとコーンの甘酢あえ　39
ゴーヤーとコーンのたまねぎマヨネーズあえ　39

〔里芋・じゃがいも〕
シェパーズパイ　119
鶏肉と根菜の煮物　102

〔さやいんげん・スナップえんどう〕
さやいんげんと鶏ひきのマヨごまあえ　85
豚肉とスナップえんどうの卵とじ　96

〔ズッキーニ〕
ズッキーニのひき肉チーズ焼き　87

〔セロリ〕
かぼちゃのトマト煮　59
セロリカレー　32
セロリと豆のスープ　33
セロリとメンマをあえて（冷凍セロリ）　31

〔大根〕
大根ギョーザ　74
大根とちくわの赤じそあえ　73
大根と鶏だんごのスープ　75

〔たまねぎ〕
親子丼　103
海鮮フライや磯辺焼きに添えて
（たまねぎマヨネーズ）　19
かぼちゃとカッテージチーズのサラダ　58
かぼちゃのトマト煮　59
ゴーヤーとコーンのたまねぎマヨネーズあえ　39
たまマヨ納豆丼　21
チキン南蛮　20

〔トマト〕
いわしのガーリックオイル焼き　111
サルサぶっかけそうめん　44
スパイシーミートローフ　45
鶏むね肉のラップサンド　106

パン・コン・トマテ風　43
豚しゃぶサラダ　97

[なす]
なすのイタリアンマリネ　55
なすのしょうが甘酢マリネ　55
なすのにら中華ドレッシングマリネ　55
なすのポン酢マリネ　55

[にら]
刺身とあえるだけ（にらしょうゆ）　27
なすのにら中華ドレッシングマリネ　55
にらしょうゆ焼きそば　28
蒸し鶏のにらドレッシング　29

[にんじん]
きのこと鶏肉の炊き込みご飯　65
鶏肉と根菜の煮物　102
生ハム巻いただけ（レンチンにんじん）　15
にんじん炒めご飯　17
にんじんパンケーキ　16

[白菜]
白菜とカリカリベーコンのサラダ　77
白菜とさけのあんかけ煮　78
白菜の卵焼き　79

[パクチー]
厚揚げのっけ（パクチーしょうゆ漬け）　51
かんたんカオマンガイ　52
鶏とパクチーのスープ　53

[ピーマン]
チンジャオロースー　37
ピーマンとソーセージの
ケチャップしょうゆ炒め　36
ピーマンのきんぴら　35

[もやし]
鶏ともやしのマスタードサラダ　101
もやしだけの絶品春巻　82
もやしの卵焼き　83
もやしのナムル　81
焼肉そぼろのビビンパ　86

◎ご飯・パン・麺類

親子丼　103
かんたんカオマンガイ　52
きのこグラタン　64
きのこと鶏肉の炊き込みご飯　65
キャベツたっぷりお好み焼き　24
サルサぶっかけそうめん　44
セロリカレー　32
たまマヨ納豆丼　21
たらこトースト　113
チーズハニートースト　117
中華風鶏がゆ　107
豆乳うどん　95
鶏あんかけうどん　91
鶏ひき肉チャーハン　90
鶏むね肉のラップサンド　106
にらしょうゆ焼きそば　28
にんじん炒めご飯　17
にんじんパンケーキ　16
パン・コン・トマテ風　43
ほうれんそうとにんにくのチャーハン　69
パンにはさんで（塩きゅうり）　47
マカロニツナサラダ　118
焼肉そぼろのビビンパ　86

◎汁物

かぼちゃと鶏肉のみそ汁　61
キャベツとコーンのスープ　25
セロリと豆のスープ　33
大根と鶏だんごのスープ　75
鶏とパクチーのスープ　53
ひき肉豚汁　89

瀬尾幸子（せお・ゆきこ）

料理研究家。手早くつくれて、食べ飽きない「ふだんのおかず」ならおまかせ。手がかからないのに、素材の持つ本来のおいしさをグッと引き出す方法は、幅広い年代から支持されている。本書で紹介した手法は、著者本人の日々の暮らしの中から編み出されたものである。

賢い冷蔵庫

ラクするためのおいしい下ごしらえ

2019年9月5日　第1刷発行

著　　者　瀬尾幸子 ©2019 Yukiko Seo
発 行 者　森永公紀
発 行 所　NHK出版
〒150-8081
東京都渋谷区宇田川町41-1
TEL 0570-002-048（編集）
TEL 0570-000-321（注文）
HP　http://www.nhk-book.co.jp
振替 00110-1-49701
印刷・製本　共同印刷

撮影　木村 拓（東京料理写真）
スタイリング　西﨑 弥沙
デザイン　福間優子
イラスト　ワタナベケンイチ
栄養計算　宗像伸子
校正　野田茂則（東京出版サービスセンター）
編集協力　前田順子・大久保あゆみ
編集担当　横山亮子（NHK出版）

ISBN978-4-14-033303-7　C2077
Printed in Japan